eビジネス新書

No.380

週刊東洋経済

マルクス VS. ケインズ

［大乱世の思想ガイド］

週刊東洋経済 eビジネス新書 No.380

マルクス vs. ケインズ

本書は、東洋経済新報社刊『週刊東洋経済』2021年4月10日号より抜粋、加筆修正のうえ制作しています。情報は底本編集当時のものです。（標準読了時間 90分）

マルクス　vs.　ケインズ　目次

戦後社会の信念とイデオロギーを打ち壊した「現代の焦点」

斎藤幸平・大阪市立大学大学院准教授の新著『人新世の「資本論」』が人気だ。これまで埋もれていた晩期マルクス思想を基に、気候変動問題の真因と解決策を論じたもので、版元の集英社によると、２０２０年９月の上梓から半年で２０万部を突破。異例のヒットだ。

新型コロナウイルス対策のため、各国政府は未曾有の財政出動へと舵を切り、主要国の経済政策は「左」に大きくシフトした。斎藤氏が同著で説くのは脱資本主義、脱経済成長と、さらに急進的。閉塞感が強まる中、先入観にとらわれず、より幅広い考え方を吸収しようという読者が増えているのだろう。

資本主義の行き詰まりと民主主義の危機――。ますます強まるこの世界的な傾向は、戦後社会の繁栄を牽引してきた米国の威光が陰り、その信念が崩れ落ちつつあることと表裏一体である。

第1は「資本主義が人々の生活水準を向上させる」との信念の動揺だ。その最大の理由は、経済成長力の低下を背景に上位1％の富裕層が多くの富を独占する格差や貧困化が先進国で進んだことにある。

1980年代以降の新自由主義的な資本主義の下では、医療や公的教育など社会的な基盤が弱体化。米国流の大量生産・大量消費型生活様式は地球環境との共存を難しくするとの認識も高まった。

第2は「世界は経済発展とともに民主化する」との信念の失墜だ。「自由と人権」という西側諸国の基本的価値が、中国の台頭によって脅かされているのが原因だ。「いつかはバブルがはじける」といわれ続けてきた中国だが、共産党独裁体制の下で依然として西側諸国以上の経済成長を続けている。2030年ごろには経済規模で米国を抜くとみられ、非民主的な中国型の発展モデルに共感を示す新興国の指導者も少なくない。それが世界の民主化後退につながっている。

また西側の盟主・米国の民主主義自体が揺れている。2021年1月、トランプ氏支持者による連邦議会乱入事件が起きたが、その大きな要因はSNS（交流サイト）を舞台としてフェイクニュースや陰謀論が制御不能なほどに拡大したことにあった。このことは昨今、急速にディストピア（暗黒郷）の色彩に転じてきた第3の信念、「テクノロジーは人類に進歩をもたらす」とも結び付く。

1990年代にインターネットが台頭したとき、米国は楽観論に沸いた。ネットによって個人の自由は拡大し、情報の分権化によって米国の強みである自由市場経済は一段と活性化するとの見立てだった。実際、ネットエコノミーで米国は世界の先頭を走ったものの、ここに来て、SNSの暴走が起こしたトランプ現象のような、誤算ともいえる負の側面が露呈してきた。

AI（人工知能）の活用や個人データの収集・利用が牽引役となり、今後ますます拡大するデータエコノミーが、むしろ中国経済の成長をより利することもはっきりしてきた。国家の権力が強い中国ではプライバシー保護の制約が小さいため、個人データ収集・利用の自由度は高い。国家による監視統制社会につながる一方で、自由闊達なベンチャー企業の活動を後押しし中国はデータエコノミーの革新で優位な立場を築きつつある。結果的にデジタル分野での米国の覇権すら揺らぎかねない。

テクノロジーではそのほか、現在の職業の約半分は将来、ＡＩに置き換えられると予想され、これは第1の信念である資本主義の持続可能性にも打撃を与える。かつての楽観論は急速にしぼんだ。

危機をどう乗り越えるか

こうした分岐点の時代である今、問題の原因を示し、それを乗り越えるための選択肢を提示できる思想として何があるか。それをまとめたのが次の思想マップだ。

従来、経済思想においては新自由主義とケインズ主義の2つが屹立していた。リーマンショック後は新自由主義が退潮し、代わって復権したケインズ主義が今回のコロナ禍の財政出動によって完全復活を遂げた。一方、最近では「新マルクス主義」というべき、マルクスの影響を受けた脱成長路線が浮上。大きく分けてこの3つの経済思想グループが影響力を持つ。

■ 世界全体が「左」にシフトしている ―思想マトリックスで見た日米欧中―

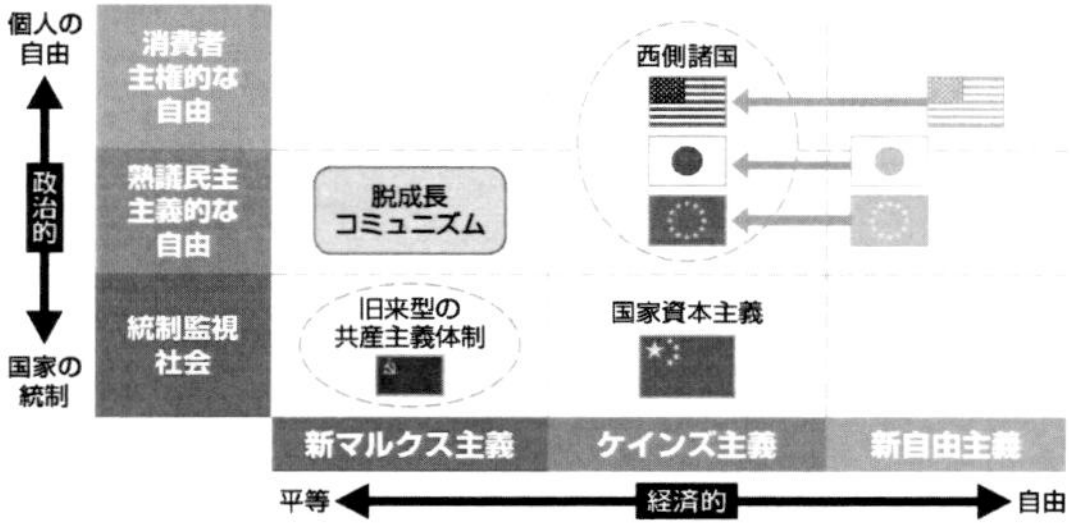

■テクノロジーの進化が「表現の自由」を直撃 —3つの政治的自由のカテゴリー—

	統制監視社会	熟議民主主義的な自由	消費者主権的な自由
特徴	社会の統治を重視して、国家が個人の自由やプライバシーを大きく制限	民主主義を推進するための自由。国家が守るべきは、個人が熟慮した結果の表現	個人の表現は好みに応じて自由、国家はそれを許可しなければならない
インターネット時代での状況	SNSやIoTを活用して国家がサイバーとリアル、両空間での監視を精緻化	国家が民主主義の価値観に沿った形で法的制限を行うが、バランスが難しい	SNSによる社会の分断の影響もあり、偽情報や陰謀論が拡大する一因に

(注)3つの区分は厳密なものではなく、考え方には幅がある
(出所)キャス・サンスティーン『#リパブリック』などを基に東洋経済作成

■ **資本主義の否定か、修正か!?** —3つの経済思想グループ—

	新マルクス主義（脱資本主義）	ケインズ主義（混合経済）	新自由主義（徹底した市場原理主義）
	ケインズ政策の限界もあり、格差や環境問題、コロナ禍を背景に**昨今急速に支持を獲得**	リーマンショック後に復権し、コロナ禍において**世界的に完全復活を遂げた**	1980年代から世界を席巻したが、**リーマンショックを受けて下火になり、最近は急速に後退**
特徴	際限なく利潤を追い求め、経済成長へと社会を駆り立てる資本主義では環境問題や格差を解決できないと考え、「脱成長」「生産手段の市民的な共同管理」を説く	資本主義の原理である自由にある程度の制限を加えることで資本主義体制の存続を図る。自由市場と政府介入の混合。新自由主義と同様、経済成長を目指す	アダム・スミスの「神の見えざる手」を極端に推し進め、自由市場は長期的には失業を生じさせず、経済的厚生を最大化させるとして、国家の介入を全面的に否定
経済政策	国家の力を借りながら、私的所有や国有とは異なる生産手段の市民的な共同管理を行う領域を拡大	財政政策と金融政策を両輪とし、政府は介入に積極的	財政政策を否定。政府がなすべきは金融政策のみとし、資本移動自由化などでのグローバル化を推進
格差や労働に対する姿勢	市民的所有を通じて、エッセンシャルワークの重視、労働時間の短縮、画一的な分業の廃止を説く	政府の介入により行われる、完全雇用、社会保障、所得再分配の政策に積極的	市場原理を歪めるため、福祉や社会保障政策、税金（累進税制など）に批判的
気候変動問題に対する姿勢	平等で持続可能な脱成長型経済への移行による解決を説く。資本主義の枠内で解決を目指すESGやSDGsに批判的	政府による規制やカーボンプライシング導入に積極的。加えて景気テコ入れの財政政策として「グリーンニューディール」を推進	環境問題など市場の外側にある事象について、市場は問題を解決できない。他方、一般にこうした問題での政府介入にも消極的
経済学派	晩期マルクス	ポストケインジアン、MMT／新古典派総合／ニューケインジアン	新しい古典派、シカゴ学派、公共選択学派

（注）便宜上、3つの区分としたが、実際にはそれぞれの区分内でも考え方にグラデーションがある
（出所）「岩波 現代経済学事典」、斎藤幸平「人新世の「資本論」」などを基に東洋経済作成

個別に見ていこう。ケインズ主義の特徴は一口にいうと、市場の自由にある程度の制限を加えることによって、資本主義体制の存続を図ろうとするものだ。具体的には、政府と中央銀行による財政・金融政策が両輪となり、完全雇用を目指して経済の総需要不足や不安定性に対し積極的に介入する。

政府が福祉や社会保障、税金による所得再分配をもって平等化を進めることが経済の活性化に資するというのがケインズ主義のビジョンだ。環境危機は市場外部の問題であるため、市場では解決できないが、こうしたことにも積極的に政府が介入する姿勢を取る。

自由志向の強い米国では、ケインズ主義を「社会主義」と捉える傾向がある。米ギャラップの19年の調査によれば、1981年以降に生まれたミレニアルズとZ世代の49%は社会主義を肯定的に考え、同世代の資本主義への支持率と拮抗している。また、若い世代だけでなく、米大企業の経営者で構成されるビジネスラウンドテーブルも、19年、株主利益最優先という経営目標を取り下げ、すべての利害関係者に貢献すると宣言し注目を集めた。

もっともケインズ主義の下、実行されたコロナ禍対策の財政出動は、実体経済とは乖離した形でバブル的な株価の高騰を招き資産格差を拡大した。また経済成長を求めるという点では新自由主義と変わりなく、その大枠を維持したまま、公共投資によるグリーンニューディール政策で気候変動問題を解決できるかは今のところ不明だ。

こうしたケインズ主義の矛盾を突く形で支持を広げているのが新マルクス主義。最大の特徴は、つねに社会を経済成長に駆り立てる資本主義では環境危機や不平等の問題は解決できないと考え、脱成長や脱資本主義を説く点にある。

経済政策としては国家の力を借りながら、私的所有や国有とは異なる、生産手段の市民的な共同管理を増やすことを柱とする。イメージとしては協同組合に近い。それによってエッセンシャルワークの重視、労働時間の短縮、画一的な分業の廃止などを進め、平等かつ持続可能な社会を実現するという。

協同組合的な市民の共同管理は、大規模な社会への実装が難しいなど課題が指摘される一方、閉塞感の強い現状を考え直すオルタナティブな視点として注目を集めている。これを機にマルクス思想の基本を学びたいという向きも多いだろう。

なお、今日では政治的な自由の行方も重要な争点だ。その際、新自由主義の視点がなお意義を失っていないことは見逃せない。

政治的な自由はどこへ

以上のような経済思想の軸に加え、政治思想も併せて押さえておく必要がある。とくにデータエコノミーの進展に伴い、プライバシーや表現の自由といった政治的自由の側面が、経済成長やイノベーションと相互に関係しながら重要な要素になっていくからだ。

先の思想マップでは、政治的な自由について、消費者主権的な自由、熟議民主主義的な自由、統制監視社会と、大きく3つに分類した。消費者主権的な自由とは、個人が消費財を選ぶのと同様、自分の好みに応じて表現の自由を行使することを尊重し、国家はそれを許可しなければならないと考えるものだ。米国がその典型だ。

一方、その対極にあるのは、中国に代表される統制監視社会だ。自由が大きく制限され、テクノロジーによってサイバーとリアル、両空間で監視が強まる。他方、個人データの収集・利用によるデータエコノミーの発展で優位性を得るのは述べたとおりだ。

両者の中間に位置するのが、自由を尊重しながら民主主義体制を否定する表現に対しては政府が一定の規制をかける熟議民主主義的な自由だ。欧州がその代表となる。現在、アジアの新興国などではＳＮＳでの言論規制をめぐる動きが活発化しており、中国型発展モデルに引きつけられる形で政治的な自由は一段と後退する可能性がある。一方、米国は現在も消費者主権的な自由への志向が強いが、それによって人々の分断が進めば、トランプ現象のような全体主義的な危機が起きやすくなる。

経済運営では、国家の介入を肯定するケインズ主義がひとまず大勢を占めることになったが、政治的な自由に関してはネットの言論空間の設計をめぐって、今後も激しい議論が続きそうだ。

（野村明弘）

15分でOK!

経済思想がスッキリわかる用語解説

マルクス、ケインズなどの誌上講義やインタビューを読む前に知っておきたい8つのキーワードについて解説しよう。

有効需要の原理

ケインズは主著『雇用・利子および貨幣の一般理論』で有効需要の大きさこそが生産量や国民所得、雇用量を決めると論証した。国民所得決定理論とも呼ばれ、ここからマクロ経済学は始まった。

それ以前の新古典派経済学では、生産要素(労働や土地、資本)の完全雇用(フル稼働)が仮定され、その条件下で生産要素の最適配分によって生産量がいかに最大化され、そこで生じた所得がいかに生産要素の間に分配されるかを扱っていた。これに対し、ケインズは大不況の時代に非自発的失業を含む現実的な生産や雇用の規模がどう決まるのかを論じた。

分配された国民所得の一部は消費されず貯蓄となるが、貯蓄と等しいだけの機械設備や原材料などへの投資がなければ、有効需要の不足となる。このような場合、過少雇用水準で経済は均衡するため、ケインズは公共事業による有効需要の創出や消費性向の高い低所得層への所得再分配を提言した。

所得の分配と再分配

格差問題で議論になるのは所得の分配だ。家計は企業に労働などを提供することで賃金を受け取る。この所得分配がどんな原理に基づいて行われるかについてはさまざまな考え方があるが、一般的には企業の付加価値創出においてその労働などがどれだけ貢献したかという「貢献原則」に基づくと考えられている。結果、所得分配には格差が生じる。

一方、高所得者ほど負担を重くして政府が家計から徴収するのが税金や社会保険料だ。政府はそれを元手に医療・介護サービスなどの社会保障給付を行うが、その給付は所得に関係なく一人ひとりの必要度に応じて行われる（必要原則）。結果、社会保障を通じて高所得者から低所得者への所得再分配が行われ、格差の修正や有効需要創出が行われている。

外部経済、外部不経済

経済主体は、市場取引を通さずに第三者から利益や不利益を受けることがある。例えば、工場による大気汚染が近隣の住民に害を与えるとき、住民は市場取引の外で不利益を被っているといえる。これを外部不経済という。

反対に、学校が子どもに読み書きを教える教育サービスは、この市場取引の外にある社会全体にとって、識字率向上による社会の安定化や高効率化といった利益になる。これは外部経済という。

一般に政府は外部不経済を抑制し、外部経済を促進する介入を行う（公害規制や無償の初等義務教育)。気候変動問題も一種の外部不経済と考えられ、政府は炭素税や排出量取引制度の導入によって市場に介入することができる。

使用価値、交換価値

経済学では、市場で売買される商品の価格の正常値を決めるものは何かについてさまざまな学説が展開された。アダム・スミスは、商品には人間にとっての有用性である使用価値と、商品同士が交換されるときの交換価値(比率)があり、交換価値の正常値はその商品の生産に投入された労働量で決まると論じた。労働量を普遍的な尺度と考えるスミスら古典経済学者の価値論は、マルクスの労働価値説や剰余価値理論につながった。

その後現れた新古典派経済学では、価格を律する価値は、人間がその商品に対して抱く主観的な欲望・満足の度合い(効用)であるとされ、労働量は関係なくなった。さらに現代経済学では価値論自体が捨象され、すべての説明は価格関係で行われている。

協同組合

新マルクス主義の政策の柱となる生産手段の市民的な共同管理では、協同組合を1つのモデルとしている。協同組合とは労働者や消費者、農民、中小生産者などが経済的条件の維持・向上や社会的地位の強化のため、協同して経済活動や社会的・文化的活動を行うもの。一般に自由加入制で、組合員は出資額の大きさに関係なく1人1票の議決権を持つ。非営利で、活動目的は組合員の便益。生産、流通、消費、信用など活動範囲は広く、日本でも消費生活協同組合や農業協同組合、信用協同組合などが活動している。

歴史的には、19世紀の英国の社会主義者オーエンが初期の協同組合構想を掲げ、1844年に英ランカシャーで織物工がロッチデール公正先駆者組合という消費組合をつくったのが先駆け。マルクスも、共産主義社会への移行において協同組合が重要な役割を演ずると論じた。

消費者主権論

消費者がその好みに応じて商品やサービスを買うことは、政治における投票と同じでその人の意思を表し、企業はそれによって何が求められているかを知り、消費者ニーズをよく満たした企業が報われるという形で市場は調和する。このような考え方を消費者主権論という。消費者主権論が成立する場合は当然、自由市場が望ましいということになる。

一方で、消費者主権論が成り立つには、①消費者は商品や自分の好み、市場の状況などについて十分な知識・情報を持ち、合理的に判断できる、②投票権の財源といえる個々人の所得は公平かつ合理的に分配されている、などの前提が必要になる。①が成り立ちにくい医療サービスや初等中等教育などでは消費者主権論は成立しない。

自由主義志向が強い米国では、選挙資金規制法においても消費者主権論が使われている。政治献金者は金銭により意思を表明する消費者と同じと考えられ、その自由を守るため、政治団体（スーパーＰＡＣ）への献金額には限度がない。これには経済的不平等が政治的不平等につながるとの批判がある。

大衆社会

ドイツ出身の哲学者アーレントは、階級社会に基づく国民国家が解体した後、集団的な利益を他者と共有せず、バラバラとなった個人が集積し彷徨（ほうこう）している社会を大衆社会と呼んだ。各階級の政治的要求を吸い上げる議会システムは大衆社会では機能しなくなり、そのバラバラの大衆社会を新たに「組織化」するのが全体主義のイデオロギーやプロパガンダだとアーレントは論じた。

経済学の変遷を見ると、古典派やマルクス経済学では地主や資本家、労働者の階級を基とした分配法則が主要な研究テーマの1つだったが、19世紀後半の新古典派以降では効用（↓使用価値、交換価値）を切り口として無階級の消費者を分析対象とするようになった。

大衆社会の分析と経済学の変遷を総合すれば、資本主義の高度化とともに人間は階級から解放されて自由になるが、一方で効用を行動原理とする原子（アトム）のようにバラバラな個人が顕在化し、それが民主主義を不安定化させる側面を持つといえるだろう。さらに、こうした傾向とインターネットとの関係は新しい研究テーマになっている。

社会主義経済計算論争

ソ連が誕生した前後の20世紀前半、自由な市場の存在しない計画経済の下で合理的な価格決定や資源配分は可能かをめぐって経済学者の論争があった。社会主義派は、経済学の一般均衡理論の連立方程式を使えば計画経済でも合理的な計算は可能だと主張したが、自由主義者ハイエクは、理論的には可能でも実際にはあまりに多くの情報収集と計算が必要となるため、現実的には不可能と批判した。

現実のソ連は中央指令型経済システムが機能せず1991年に崩壊したが、この論争と現在の中国との関係を考えると興味深い。中国は中央集権的な要素を残した自由市場を持っている。ＡＩ（人工知能）などデータエコノミーへの広範囲な投資を行い大量の個人データを吸い上げて経済の牽引と統制を図っている。現在のコンピューター能力なら計算量も問題にならない。中国経済の将来を考える際には、ソ連が持っていなかった現在の情報インフラを考慮に入れる必要がある。

（野村明弘）

【誌上講義①】マルクス「未来への構想」

『資本論』で訴えたのは人間関係の再構築だ

神奈川大学副学長　教授・的場昭弘

【ポイント】

①資本主義の危機はマルクスが発した新しい社会への信号
②「労働の疎外」は賃金だけでなく人間的意味を持つ
③人間性のある関係の再構築こそマルクスの本質

ある時代を振り返ればわかりますが、歴史は直線的ではなく、予想だにしない断続的出来事の連続です。

古くから人々は、歴史、すなわち時間の流れを解明するためにいろいろと工夫を凝らしてきました。その1つが、過去、現在、未来という3区分です（アウグスティヌス『告白』）。これは、現在は過去の継続であり、未来は現在の継続であるという一般的な考えです。

そして、古代ギリシアの哲学者・ゼノンの言葉とされる「矢は止まっている」（ゼノンの矢）で表されるように、その歴史をきわめてフラットで直線的な流れだと捉えるか、あるいは歴史はつねにもとに戻る循環的な流れであると捉えるか（永劫回帰）、さらに歴史はもとに戻らず、進歩も発展もなく、突然の断絶によってまったく新しい社会へ不連続に変化していくもの（黙示録＝破滅的な状況や世界の終末などを示したもの）と捉えるかで、さらに3つの考え方に分かれます。

歴史をどう捉えるかという主体の側の問題として、あるがままの自然の変転と捉える自然主義的な歴史観（ギリシア的）、神の目的に向かって変転すると捉える目的論的な歴史観（キリスト教的）、人間を豊かにするための理性的な実現として捉える歴史観（現代）の3つに分かれます。

【解説】「ゼノンの矢」

「ゼノンのパラドックス」の1つ。飛んでいる矢はいつの時点でもその瞬間は止まっている。いつの時点でもその瞬間は止まっているなら、いつも止まっている。したがって矢は止まっていて動かないとし、連続に関するパラドックスを指摘した。

今の危機をどう捉えるか

少なくとも、古今東西、時代の危機を予言し、それと格闘した歴史上の偉人たちは、それぞれの時代の中で、このいずれかの方法により危機を理解し、解釈してきたはずです。

2008年に発生した経済危機であるリーマンクライシス（ショック）のとき、クライシスという言葉は経済体制に内在する危機だと考えられました。そのため、それはやがてもとに戻る循環的なもの（景気循環）だと判断されたのです。先に述べた区分でいえば、それはフラットで直線的な歴史観であり、また循環的歴史観でもありました。

だからこそ、景気がもとに戻るのはいつなのか、という問題にのみ焦点が絞られてきたといえるでしょう。しかし、この危機が不連続なものの始まりであったとすれば、景気は容易には戻らないはずです。

今、われわれが直面している新型コロナウイルスのパンデミックは、いよいよ直線的でもなく、循環的でもなく、不可逆的な歴史の大きな転換の時代の前触れかもしれません。先の歴史区分を考えるとき、それは3番目の不連続な歴史観であり、今回の危機は不可逆的な歴史の始まりであるかもしれないのです。

あるがままの自然の世界が、ただ転変していくという素朴な歴史観はギリシア的な歴史観です。それがキリスト教とユダヤ教というアジアから来た宗教の衝撃を受けて大きく変わりました。

不連続的歴史の時代に

そこで生まれた歴史観が、クロノス（これまでの社会）―クライシス（危機）―カイロス（新しい社会）という3つの段階を経る黙示録的世界観でした。西欧では、アウグスティヌスの『神の国』（5世紀）以来、現在までこうした世界観が強く残ります。19世紀、ヘーゲルの精神の目的論的発展やマルクスの史的唯物論をはじめとして、現代の思想家、例えばイタリアの哲学者であるアントニオ・ネグリ氏に至るまで、この世界観が染み付いています。

この歴史観によると、人間の歴史は平坦で直線的に発展していくなどとは考えられません。歴史は自然の流れでも、人間の豊かさの合理的実現でもなく、あらかじめ神（あるいはそれ以外の物質的、精神的な力）によって意図された目的論的世界の実現です。だからクライシスは、ある時代の終わりを告げる危機の警告であり、それは次の時代の幕開けを告げる黙示録（ラッパ）でもあるのです。

現在のように理性主義や自然主義に親しんでいる人々の歴史観からみれば、こうした黙示録的歴史観は容易に受け入れがたいものかもしれません。しかし、「想定外」という言葉をたびたび発している以上、かたくなに拒む人でさえも、こうした不連続な新しい社会の幕開けをどこかで察知しているともいえるのではないでしょうか。

資本主義という歴史をクロノスなものだとすれば、その危機とは資本主義を破壊する予告であり、カイロスはその資本主義を超えたところに出現するまったく違った世界です。マルクスが予測した共産主義といわれる未来社会は、こうした未来を予告するものとして存在します。そして資本主義の危機は、そこへ至る危険信号でもあるのです。

【解説】

「神の国」

アウグスティヌスが世界の創造以来の歴史を地の国と神の国の2つの歴史として著述。中世ローマ・カトリック教会の神学的基礎となった書物。

「ヘーゲルの精神の目的論」

19世紀ドイツの哲学者ヘーゲルは、哲学の体系を構築して、そこから過去と未来を哲学的に理解できるようになることを目的とした。ヘーゲルの「絶対精神」（現実のすべてを理解できるし、現実のすべての過程までも理解するための精神）へと進む議論を、マルクスが生産関係の基礎として組み立て直し、マルクス主義へと発展させた。

不気味な存在のマルクス

マルクスという人物が、資本主義にとって不気味な存在であるのは、まさにこうした歴史の不連続性を経済学の分析の中から予告しているためです。

歴史の発展段階を不連続な段階として指し示し、人類の歴史にはつねに新しい段階に至るべきときがあり、それは突然の出来事によって出現すると述べるマルクスは、体制の中で安眠をむさぼる人々にとっては脅威でしょう。だからこそ人々は、今の時代は平坦で、持続的で、直線的で、永遠なものであると考えたくなるものなのです。大きな戦争や災害の時代から遠く離れれば離れるだけ、そうした穏和な歴史観が支配的になります。

しかし、２１世紀になってわれわれを揺り動かしている社会変化や天変地異は、そうした歴史観を少しずつ壊しつつあるのかもしれません。

資本主義社会が今直面している資源問題や環境問題、人口問題、貧困問題、人種問題、差別問題など、それぞれが大きな危機として資本主義の前に立ちふさがり、今の体制の矛盾を危機として何度も告発しています。30年以上前のベルリンの壁の崩壊（1989年）以来、マルクスの予想など実現しない妄想だと考えられてきましたが、ギリシア神話に登場するイリオスの王女で、予言を信じてもらえなかったカサンドラのように、それは悲劇的にしか理解されないものかもしれません。

「労働は疎外されている」

マルクスが資本主義社会の問題点を理解するに至った端緒は、人間の労働の問題でした。それは「私的所有社会である資本主義社会においては、人間の労働は疎外されている」という問題です。

この問題は、最終的には『資本論』で剰余価値理論として完成されていくのですが、

「労働者が賃労働者として労働力商品を販売している以上、労働者は自らの労働を自らのものにできない」という基本的問題です。

賃労働によって失われるものは、資本に搾取される自らの労働の一部（剰余価値＝利潤）の喪失という量の問題だけではありません。労働することの意味の喪失であり、また人間が労働を通じて結び合っている人間関係の喪失でもあります。

人間社会が集団的社会として存在し、その社会が自然と有機的に交わっている以上、人間と人間との関係、人間と自然との関係以上に、人間にとって重要なものはありません。ところが、それまで維持されてきたこの結び付きを断ち切ったのが資本主義体制であれば、その社会体制はそれまでの社会体制に対して不連続な、新しい社会体制といえます。

前の社会の危機を乗り越え実現された資本主義社会体制も1つの過渡的な社会体制にすぎず、次の社会に対して不連続な社会ということになります。前の社会を壊したのが危機とそれに続く革命であったように、資本主義を次の社会へ移行させるのも危機と革命であるとすれば、その予測に恐れおののくのは当然でしょう。

講義 **労働者は資本家から搾取されてしまう**

—労働力が商品化された場合の交換価値と使用価値—

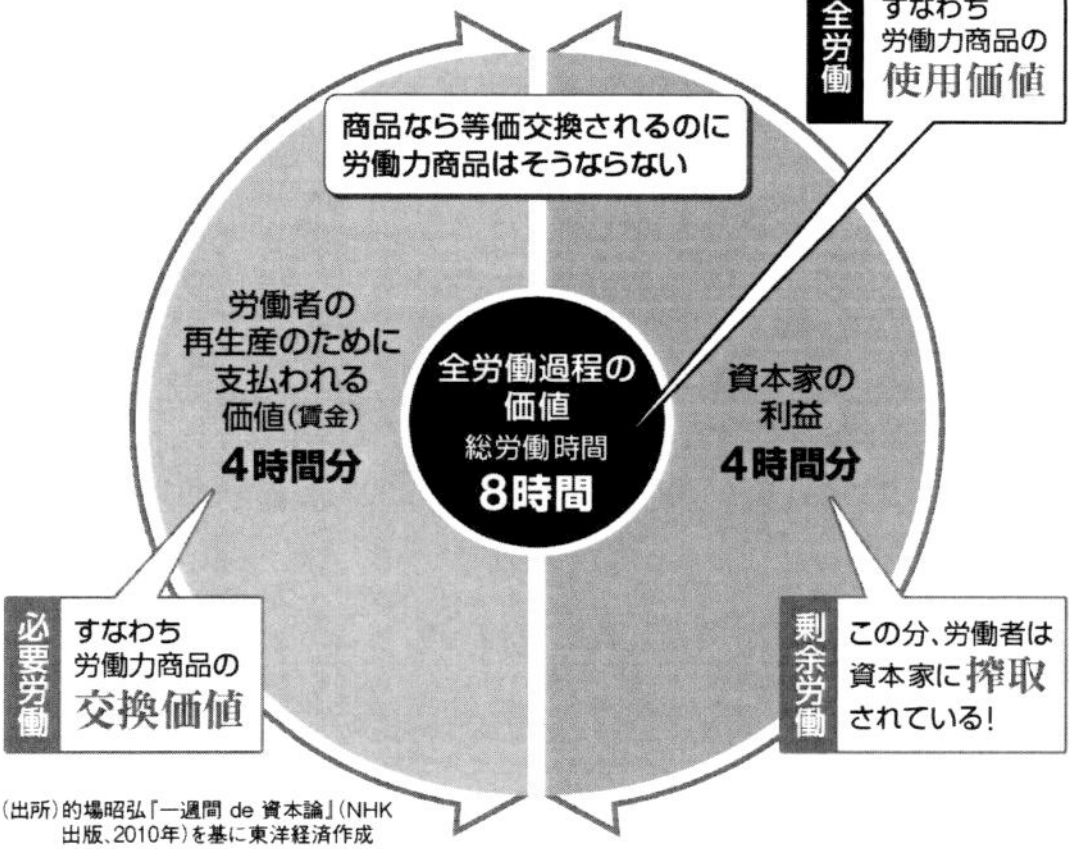

(出所)的場昭弘『一週間 de 資本論』(NHK出版、2010年)を基に東洋経済作成

発展を阻害する貧困

貧困問題は、まさにこの労働者の疎外の問題が根底にあります。19世紀半ばの労働者の貧困に注目したマルクスは、そこに労働者の経済的貧困を見いだしただけではありません。剰余価値を収奪される量的な問題だけならば、マルクス以前に、19世紀初頭にリカード派社会主義者といわれる人々がすでに問題にしていました。マルクスが注目したのは、資本の分け前を労働者が獲得しないことによって起こる、さまざまな質的な問題です。

それは労働者の貧困が、過少消費や過剰生産を引き起こし、資本主義を不可能にするといった資本主義的生産の危機、恐慌の問題だけでなく、それが公衆衛生の不備や精神的疾患も含め、人間の集団としての発展を阻害するという問題でした。

そして貧困は1つの国の中だけでの問題にとどまりません。資本のあくなき利潤追求は世界市場へと拡大され、それぞれの国における社会体制を破壊し、資本の分業体制の輪の中にそれらの国を組み込み、それらの国の労働者を貧困に陥れていきます。

そうした体制は、一方で資本の文明化作用という点で世界中を近代化し、生活を改善していき、生産力の高まりが結果的に労働者の生活を変えるように見えます。

かつて世界はフラット化するのではないか、と考えられたことがあります。しかし、現状はそうなっていません。実際に、この数年話題になっている世界における所得格差の拡大は、そのことを示しています。

しかし、問題はその点にはないのです。本当の問題は、そうした現象がはらむ資本主義の致命的問題を告げる予告、すなわち危機のほうなのです。後進諸国の賃金上昇は、先進国の労働者の賃金下落と中間層の崩壊を生み出して、むしろ資本主義への不信と不安を増大させています。一部の人々へ富が集積し、人々の不満は爆発的に蓄積されています。これこそ、コロナ禍の社会で倍加されている貧困層の社会不安という危機なのです。

【解説】「リカード派社会主義者」

１９世紀初頭の英国の経済学者リカードの経済学説を基に、当時の資本主義社会大工業制度を科学的に分析・批判した研究者たち。C・ホールやT・ホジスキン、W・トンプソンらが代表的研究者とされる。

「カイロス」の世界へ

そして資本主義的賃労働の問題は、剰余価値の収奪にともなう貧困問題だけではありません。労働の場は、人間と人間との結び付きと助け合いの場であり、それが人間生活を保障する場でした。それを破壊した資本主義は、国民国家という巨大装置をつくり出しました。そして、失ったものを税金で取り戻す巨大な社会保障制度をつくったのですが、それは金銭的な意味での所得の再配分にはなりますが、人間的な関係を再構築する場にはなっていません。

本当に必要なのは、生活の場としての労働の場をつくり上げることでしょう。それには資本の私的所有制度は不都合であるし、それにともなって資本主義自体も当然、不都合なものとなりつつあります。

コロナ禍はある意味、この警告でもあります。つまり、資本主義の危機を告げるものです。そうなると、その次に来るのは、カイロスの世界、すなわちまったく新しい社会体制の世界です。

やがてマルクスが唱えた、人々による経営参加や自主管理、資本の所有、公共団体への参加といった社会が来るのかもしれません。そういった変化はまた、科学の大変革＝シンギュラリティーにも似て、突然起こるものかもしれないのです。

最後に、次のマルクスの言葉を挙げておきます。「有用なものをあまりにも生産しすぎることは、その結果として、無用な人間をあまりにも生産しすぎることになるということを、忘れてしまう」（『経済学・哲学草稿』第三草稿）。有用なものを多く生産することで、豊かになっていくはずの世界が、逆にそれを生産する人間をどんどん無用にしていくわけです。資本主義の効率性の究極には、無用な人間をつくり出すことで、人間社会を破壊してしまう危険が潜んでいるわけです。

カール・マルクス（Karl Marx）

『新本論』で資本主義を分析

1818～83年。プロイセン生まれ。科学的社会主義（マルクス主義）を打ち立て、『資本論』などで、資本主義が高度に発展することで社会主義・共産主義の社会が来ると説いた。『資本論』

的場昭弘（まとば・あきひろ）

1952年生まれ。慶応大学経済学部卒業。経済学博士。著書に『超訳「資本論」』『マルクスだったらこう考える』『未来のプルードン』、訳書に『新訳　初期マルクス』などともに多数。

【誌上講義②】ケインズが起こした革命

平等こそ経済成長の源　世界恐慌下の大転換

立正大学学長・吉川　洋

【ポイント】

①格差は資本蓄積のための必要悪という信念を転換

②家計や企業は自由に活動、国家が金融・財政で介入

③現在の社会経済に合う「賢い支出」を探せ

格差や不平等は大げさにいえば人類の歴史とともにありますが、とくに産業革命以降の資本主義ではつねに重大な問題です。これに対し、資本主義は根本的なシステミックエラーだと指摘したマルクスは、1848年にエンゲルスとともに『共産党宣

言』を出版しました。システム全体を入れ替えろと主張したわけです。

実は同じ頃、英国ではむしろ格差を擁護する声が保守層を中心に強力な地盤を持っていました。「格差がなければみんなで消費してしまい、社会全体の貯蓄率は低くなる。そうすると社会全体を豊かにする産業資本への投資ができなくなる」というわけです。「格差は必要悪だ」というのが19世紀の保守イデオロギーだったのです。

ケインズは若いときから英ケンブリッジ大のサークル内では光り輝く存在として知られていましたが、世界の政治経済論壇に名をはせたきっかけは、第1次世界大戦のパリ講和会議後に出版した『平和の経済的帰結』です。彼は英国代表の一員として講和会議に参加しましたが、ドイツへの賠償金が重すぎて持続可能ではないと批判して代表の役職を辞任しました。

ケインズが30代半ばのときに出したこの本は世界でベストセラーとなり、ケインズのライバルだった経済学者シュンペーターもケインズの最高傑作だと評価しました。そこには後の主著『雇用・利子および貨幣の一般理論』へとつながる若き日のケインズのビジョンがはっきりと示されていたからです。

有効需要論の登場

そのビジョンとは「格差の役割は終わった」です。格差を正当化する貯蓄について、確かに19世紀には資本の蓄積に貢献したが、20世紀ではそうではなく、逆に消費を減退させるネガティブなものになったと論じました。この有効需要論は現在では大学1年生のマクロ経済学で学びますが、当時はイデオロギーを転換させる革命でした。

そしてケインズは、経済を主導するのは家計の消費であり、そのためには消費性向が高い低所得層にお金が行き渡るようにしなければならないと説きました。

講義 **格差は経済成長にマイナスであることを示した** —世帯年収別の限界消費性向—

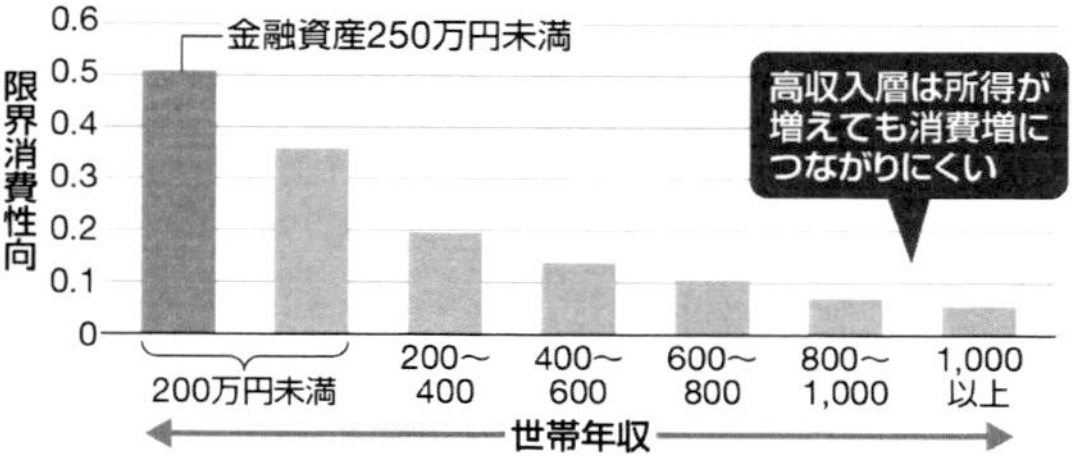

(注)限界消費性向は、新たに追加された所得を1とすると、そのうちどの程度の割合が消費に回るかを示す　(出所)日本銀行「経済・物価情勢の展望」(2016年11月)

彼は当時、英自由党の支持者として「社会は平等になる必要がある。平等自体のよさに加え、それこそが英国経済を活性化させる道なのだ」という現実論を展開しました。ケインズが出した処方箋は、現在では一般的な所得税の累進制や、当時の労働階級の住宅事情が劣悪だったことを考慮した公的住宅建設です。こうした公共事業は「ワイズスペンディング（賢い支出）」として重視され、ケインズ経済学の中心になっています。

ケインズは自由の問題をどう考えていたのでしょうか。当時の状況をもう少し詳しく見てみましょう。１９３０年代は大不況の時代ですが、世界を見渡せば経済的に成功している国もありました。それが、ソ連やナチスドイツでした。共産主義のソ連に加え、国家社会主義を標榜するナチスも経済領域では国家統制を敷きました。

ケインズはこうした国の経済的成功を見て、次のように考えました。「全体主義はミクロ（企業や家計）まで統制するが、それは間違いだし自分たちの道ではない。民間企業は利潤動機に基づいて自由に活動すべきだ。しかし、完全な自由放任もダメだ」。

そして、この考えを実践する方法が、財政政策と金融政策を両輪とするマクロ経済政策となるわけです。政府と中央銀行は経済を支えるために介入するが、大枠として市場経済を守り、統制はミクロまで及ぼさないことを方針とします。

戦後、世界各国でケインズ主義が採用されましたが、60年代後半からのインフレーションをめぐる議論をきっかけに学界の風向きは変わり、ついには自由放任と政府介入の否定を主張する新古典派へマクロ経済学は衣替えしました。しかし、リーマンショックのときも学界の主流は新古典派でしたが、日米欧中の政府は財政・金融政策を総動員しました。現在のコロナ禍では未曾有の財政出動が行われ、世界はケインズ主義に回帰しています。

新古典派の一部の研究者は現在も難しい数式を使って技術変化や生産性により経済全体を説明しようとしています。ステイホームで消費が落ちましたが、それは居酒屋の生産性が落ちたせいだというわけです。現実との距離が大きすぎるといわざるをえません。

一方でケインズ主義が万能でないことも事実です。ケインズ政策をやらなければ経済はもっと悪くなっていると思いますが、かといって、政府はインフレリスクを除けば財政赤字を恐れる必要はないのでもっとやるべきだというMMT（現代貨幣理論）に対して、ケインズは賛成しないでしょう。

ケインズは放任財政論者ではありません。戦後の国際金融制度の立て直しにも参画したケインズですが、戦時経済で腐心したのは財政赤字をどう管理するかです。米ワシントンのある会議に出たら、ほとんどすべての出席者はケインズ主義者（財政積極派）で、そうでなかったのは私だけだった、とケインズが知人に話したエピソードは有名です。むしろ財政健全化への信念は非常に強かったのがケインズだといえます。

ケインズは「孫の世代の経済的可能性」というエッセーで脱経済成長論を展開したり、美人コンテストに例えて株式バブルを戒めたりしていて、参考とすべきアイデアは尽きません。現在、世界で経済覇権争いのようなグリーンニューディール政策が始まろうとしています。これがかつての公共住宅や高速道路の建設のようなワイズスペンディングになるかはまだ判断できませんが、いずれにせよ財政はその時々の社会経済の実態に合わせて考える必要があるでしょう。

（構成・野村明弘）

ジョン・メイナード・ケインズ（J.M.Keynes）

20世紀の最重要人物の一人

1883〜1946年。非自発的失業の発生原因を論証し、政府の財政政策の必要性を強調。戦後の政策の軸となりケインズ革命と呼ばれた。主著は『雇用・利子および貨幣の一般理論』。

吉川　洋（よしかわ・ひろし）

1951年生まれ。東京大学経済学部卒業、米イェール大学博士。東京大学名誉教授。2019年4月から現職。『いまこそ、ケインズとシュンペーターに学べ』など著書多数。

【誌上講義③】ハイエクの中央銀行批判

貨幣発行を国が独占せず民間の競争に委ねよ

早稲田大学大学院教授・岩村　充

【ポイント】

①貨幣発行が競争的なら「良貨が悪貨を駆逐する」
②貨幣発行益を保有者に帰属させるべきだ
③中央銀行の格差拡大への加担をやめさせよ

2010年前後からビットコインをはじめとする仮想通貨が登場し、米フェイスブックはリブラ構想を発表しました。さらに、中国、それに対抗して欧米や日本で中央銀行デジタル通貨（CBDC）が検討されています。

しかし、人々の役に立つ決済手段の開発は民間の競争に委ねられるべきだと私は考えています。

フリードリヒ・ハイエクは１９７６年の著書『貨幣発行自由化論』で政府から貨幣発行の独占権を取り上げ、民間の競争に委ねるべきだと主張しました。

彼の主張は、貨幣の発行を中央銀行に独占させると、インフレ、つまり通貨価値の下落をいくらでも生じさせてしまうことになるが、民間企業の競争に委ねると、価値の減っていく通貨を人々は選ばないので、通貨価値の安定につながる、というものです。

「悪貨が良貨を駆逐する」と書いたのは16世紀オランダで英国王室の債務整理を行っていたグレシャムですが、これはまさに独占によって起きる問題です。人々が便利な貨幣を選ぶことができればむしろ「良貨が悪貨を駆逐する」とハイエクは考えたわけです。

現代の金融政策や中央銀行が抱える問題点をハイエク的な視点で考えてみましょう。

競争が財政規律に資する

利子率には2つあります。1つは物の利子率で、現在の財と将来の財との交換価格。これを自然利子率と呼びます。手持ちの財を今日使ってしまわずに投資すると将来もっと大きな財が得られるという話で、クヌート・ヴィクセルがこの目に見えない利子率を発見しました。もう1つの利子率がお金の利子率である名目金利です。

自然利子率は人口動態や技術革新などで決まり、金融政策ではどうすることもできません。しかし、名目金利は中央銀行が金融政策である程度操作できます。金融政策とは時間の流れの中で貨幣に関する問題を先送りしたり、先取りしたりすることです。短期的には貨幣の過剰や不足を調整することで、物価や雇用に影響を与えることができるのですが、ハイエクは過剰な金融緩和とその反動で中央銀行は事態を悪化させているとみていました。

90年代末にFTPL（Fiscal Theory of Price Level）という理論が出てきました。「国の財政の先行きを人々がどうみるかによって、物価水準が上下する」というものですが、ハイエクがＦＴＰＬを知っていたら、人々は貨幣価値の安定を望むため、貨幣発行を民間が競争的に行うことで、財政に規律をかけられる、と主張したのではないでしょうか。

資産市場とのよい関係も

もう1つ重要なことは、貨幣発行益の問題です。中央銀行は無利子の負債である銀行券と引き換えに国債、貸出金などを保有しており、その利息収入などが貨幣発行益として、中央銀行を含む広義の政府のものになっています。しかし、これは貨幣保有者に帰属させるのが望ましい。つまり発行益を配当にする、貨幣に金利を付けるのです。ハイエクは金との兌換を前提にしていたでしょうし、技術的にも困難なので、貨幣に金利を付けるという話はしていません。しかし、今はデジタル技術の発展によって、それが可能になりました。コストとしてマイナス金利にすることも可能です。

民間による貨幣発行競争が実現すれば、裏付けとなる資産を選ぶにもさまざまなリスクとリターンの工夫が予想されます。例えば、今、日本銀行は人々を株の購入に誘導するためと称して株式を買っており、この発想には賛成できませんが、逆に、日本企業の長期的な成長を裏付けに貨幣を発行するという発想は十分ありうると思います。そう考えると、人気のある貨幣に採用されるかどうかという観点から、資産市場にも好影響を与えるかもしれません。「環境に配慮する通貨」なども考えられます。

最後に、現在は格差拡大に中央銀行が加担していると言ったら驚かれるでしょうか。『21世紀の資本』の著者であるトマ・ピケティ教授はr（資本収益率）よりもg（実質成長率≒自然利子率）が小さい状態にあることが資本の保有者である富裕層とそうでない人々の格差を拡大していると指摘しました。今中央銀行は、長期にわたってgよりもi（金利＝負債収益率）を低く抑えて零細な貯蓄者にシワ寄せしrを底上げすることで、gとの差の拡大に手を貸してしまっています。

貨幣発行自由化により、通貨発行者が格差拡大に加担したくともできない状態をつくれ。もし今ハイエクがいたら、そう説いたのではないかとも思っています。

（構成・大崎明子）

フリードリヒ・アウグスト・フォン・ハイエク（Friedrich August von Hayek）

自由主義思想の巨人

ケインズのライバル。政府による管理介入を批判。社会主義経済計算論争で、市場なしには必要とする膨大な情報を収集できない点を指摘。最も有名な著作は政治的な『隷属への道』。

岩村　充（いわむら・みつる）

東京大学経済学部卒業。日本銀行企画局兼信用機構局参事を経て、1998年から2021年3月末まで早稲田大学大学院教授。『国家・企業・通貨』（20年・新潮選書）など著書多数。

ハイエクならMMTをどう評価?

ハイエクが生きていたら、昨今のMMT(現代貨幣理論)ブームを「独占の弊害」と断じたでしょう。MMTは政府が自国通貨建てで支出する能力に制約はなく、財政赤字や国債残高は気にしなくてよい、貨幣と国債は実質的に同じだから景気をよくするには国債をどんどん発行して赤字を拡大すればよい、との主張です。財政の運営基準を収支均衡に置く必要はなく、インフレ率が高くなりすぎたら増税し、デフレになったら減税するというようにインフレを基準にするというのです。

問題は投資の中身

だが、この単純な発想では、効率が悪くリスクの高い投資が野放図に拡大していくおそれが大きいでしょう。問題は財政を何に使うかです。ＭＭＴの主張には、庶民はばらまけばついてくる、という貨幣発行独占による「上から目線」を感じませんか。競争的に複数の貨幣が発行されていたら、そんな投資を行ってインフレやデフレを繰り返す安定しない貨幣は、人々から選ばれません。また主流派経済学者が景気拡大を財政膨張に頼るＭＭＴ論者を批判しましたが、彼らも金融政策によって触れ込みどおりの効果を物価面でも景気面でも実現できていないので、その批判には説得力がないのです。

【誌上講義④】アーレント「現代人への警告」

トランプ現象の本質　日常にある全体主義の闇

広島大学名誉教授・牧野雅彦

【ポイント】
①バラバラになった大衆、議会制度は機能不全に
②何が大衆をまとめるのか。その終着点が全体主義
③「国家の抑圧的な統制＝全体主義」ではない

メディアは大衆を欺いて動員する支配体制を全体主義として批判する傾向があります。２０２１年１月のトランプ氏支持者による米連邦議会乱入事件や、中国やロシアでの露骨な統制社会、さらには西側諸国における情報統制の動きも、全体主義やファ

シズムとして批判されることがあります。

しかし、そこに落とし穴はないでしょうか。ドイツ出身のユダヤ人の思想家ハンナ・アーレントは主著『全体主義の起源』で、そうした議論とは異なる考察を行いました。ナチスの台頭を恐れて米国に渡りましたが、強制収容所でのユダヤ人の大量虐殺に衝撃を受け、「そのようなことがなぜ可能になったのか」と考えました。

アーレントが指摘するのは、全体主義と国民国家崩壊との関係です。国民国家は近代欧州で主権国家のシステムが作られて始まりました。具体的には、社会の構成員はさまざまな階級に区分され、それら階級（政党）の政治的要求は議会を通じて吸い上げられます。上から統合するのが国家、そして統合された社会の構成員が国民ということになります。

講義 大衆社会の構造が全体主義をもたらすと指摘
—階級を基盤とした国民国家と大衆社会—

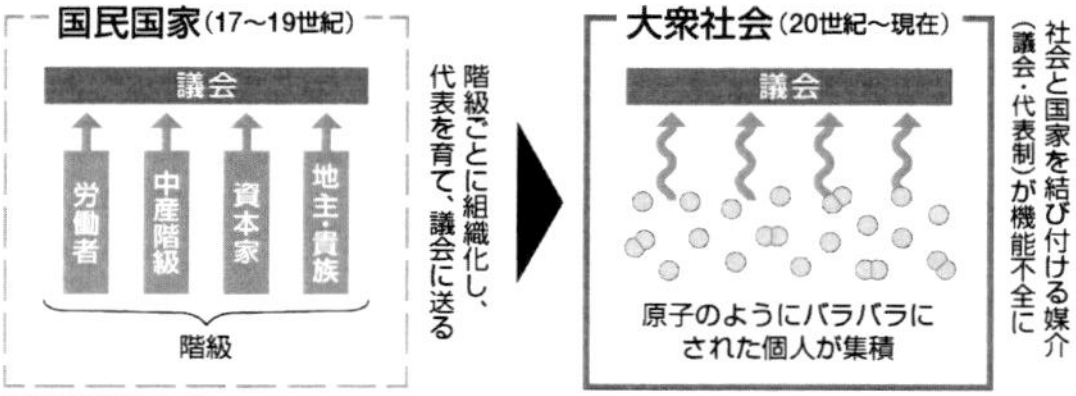

(出所)東洋経済作成

階級解体と全体主義

国民国家体制は19世紀にほぼ完成しました。しかし、農村の衰退や都市集住などを背景に階級社会とそれを基盤とする国民国家はその後、解体していきます。その過程で生まれてきたのが大衆（マス）とその運動です。アーレントは全体主義を、大衆運動のもたらす1つの頂点として位置づけました。

大衆社会とは何でしょうか。それは、原子のようにバラバラな個人が集積し、他者と集団的利益を共有せずに彷徨（ほうこう）している社会です。その結果、社会を国家と結び付ける議会・代表制も機能不全となります。これが「20世紀以降の現代政治の基本的な問題だ」とアーレントは言います。代表制と入れ替わるように大衆を組織するのが大衆運動であり、全体主義はその終着点に位置します。つまり、バラバラになった個人の集積に対して、その拠り所（と思われるもの）を与えるのが、全体主義の「イデオロギー」といえます。

大衆を組織化するイデオロギーとプロパガンダには、どんな特徴があるでしょうか。

アーレントは言います。「彼ら（大衆）は目に見えるものは何も信じない。自分自身の経験のリアリティーを信じないのである。彼らは自分の目と耳を信頼せず、ただ想像力のみを信ずる。彼らの想像力は普遍的で一貫しているものなら何でもその虜になりうる」（『全体主義の起源』）。

大衆といっても普通の人間です。理解力も記憶力もあります。孤立した彼らはリアリティーを求め、そのためには事実の断片が必要です。それは「いわば現実社会の裂け目、つまり誇張され歪曲された形ではあれ、急所をついているがゆえに誰もあえて公然と議論しようとはしない問題、誰もあえて反論しないような噂である」（同書）とアーレントは指摘しています。

例えば、ナチス時代の「ユダヤの陰謀」という虚構にも事実の断片がありました。ロスチャイルドなどユダヤ人の金融ネットワークが国民国家の中で重要な金融財政上の媒介役を果たしてきたこと、またそうしたネットワークが国民国家の解体とともに金融スキャンダルを噴出させたことです。

自由主義や保守主義、国民主義など国民国家の枠組みの中で出てきた旧来の政治思想では、バラバラの大衆にリアリティーや進むべき指針を示すことはできません。そうした思想が効力を失ってしまったところに、全体主義のイデオロギーは登場するわけです。

全体主義のプロパガンダに対し、「実行不可能な目標はいずれ事実に反駁（はんばく）される」というのは誤りです。指導者やエリート、支持者らは虚構と冷笑主義のタマネギのような階層構造をつくります。「彼らはモスクワにしか地下鉄はないと言われたら、すべての地下鉄を破壊すべしという命令だと理解するが、だからといってパリに地下鉄があるのを見ても別に驚かない」（同書）とアーレントは喝破しました。もちろん運動が組織化され、権力を獲得すればするほど、虚構は半ば現実として実現されていきます。

振り返れば戦後、民族対立は一定の再編で国民国家に統合され、西側諸国は福祉国家を志向して国民国家の拠り所を取り戻そうとしました。しかし、アーレントが亡くなる１９７０年代から資本や人材のグローバル化が拡大し、帝国主義の欧州と植民地の間にあった格差関係が国内で再現されるようになっています。経済・社会政策は国民国家の枠内でかろうじて行われていますが、それでは立ち行かなくなりつつあります。

そうした中で、超富裕層のトランプ氏が衰退地域の米国市民の支持を受けるという興味深い現象が起きました。確かにアーレントは戦後の赤狩りやウォーターゲート事件に言及し、米国でも全体主義が起こりうると考えていたフシがあります。しかし、ほとんどのメディアは自由主義や保守主義といった旧来型の眼鏡を通してトランプ現象を眺め、情報統制や抑圧的な部分をもって全体主義として批判しています。それでは全体主義の本当の恐ろしさはわかりません。

トランプ現象は、既存メディアへの不信から生まれたことも忘れてはなりません。そこで示されていた新しいものの所在はどこなのか。それはまだ不明なままです。

（構成・野村明弘）

ハンナ・アーレント（Hannah Arendt）

現代社会の根底を痛烈に批判

1906～75年。全体主義を生み出した大衆社会を徹底的に分析。ナチス戦犯の裁判記録で「悪の陳腐さ」を描き論争にもなった。主著は『全体主義の起源』『人間の条件』。

牧野雅彦（まきの・まさひこ）
1955年生まれ。京都大学卒業、名古屋大学大学院法学研究科博士課程単位取得。広島大学教授を経て2021年4月から現職。著書に『精読 アレント「全体主義の起源」』など。

「AI、SNSと民主主義は共存できるのか」

ハーバード大学ロースクール教授・ローレンス・レッシグ

インターネットの法規制論の第一人者である米ハーバード大学のローレンス・レッシグ教授。サイバー法の権威はトランプ現象やAI（人工知能）の将来をどうみているのか。

――あなたが21年前に執筆した著書『CODE（コード）』は予言的でした。プライバシーや表現の自由をめぐる今日の混沌ぶりを見抜いていたかのようです。トランプ大統領時代の危機は想定の範囲内でしたか。

もちろんずっと悪い。『CODE』ではインターネットの設計思想と規制の関係を論じたが、今の本当の問題は、プラットフォーマーがビジネスモデルとして広告を取り入れていることだ。多くの個人データを収集するのが彼らの商売であり、ユーザーをあおり、熱狂的にしてさらに多くのデータを出させる方法を学んでいる。それは公共問題について人々を偏向させ、無知にする影響力を持っている。

巧みに突かれた心理

――詳しく説明してください。

フェイスブックは、友達の美しい写真やみんなの幸せな生活を見せてあなたに安心感を与える。あなたは自分も幸せな生活を公開しなければならないと感じ、できるだけ多く情報を公開する。それと比例して広告エンジンは向上し、どの広告があなたにとってよいかを予測できるようになる。

あなたはより多くの人と関われるようになるが、残念なことに、提供された情報がより過激・扇動的で、必ずしも真実でない場合ほど、私たちはそれをより共有したいと思うようだ。

そのよい例えは食べ物だ。私たちは塩分、脂肪分、糖分などの多い加工食品の誘惑に弱い。これは人間の体が食べ物のあまりない時代に合わせて設計されてきたからだ。こうした人間の進化上の弱点を突くことに食品業界は長けている。食べ物が豊富にある現在、米国の国民の多くは肥満になった。

情報も同じだ。フェイスブックだって何も外国ハッカーの介入や陰謀論を助長したいとは思っていない。なぜやるかといえば、彼らにとって最大の利益になるからだ。私たちはこのような影響を受けやすく、その影響は広告というビジネスモデルによって引き起こされている。インターネットがこうしたインセンティブを持たないように、異なる広告モデルを持つか、別の収益源を見つけるしかない。

——法的な規制は必要ですか。

広告すべてを禁止しようという意見もあるが、私は賛成しない。アマゾンやネットフリックスが本や映画を推奨するためにデータを使うのはいいことだ。規制対象はそれらと区別する必要がある。

――EU（欧州連合）が適用を開始したGDPR（一般データ保護規則）には批判的な立場ですね。

GDPRは効果的でない。この制度は、個人データ利用をどうするかをユーザーが選択できるようにすればプライバシー問題は解決すると考えているが、それは間違っている。実に多様なデータ利用についてユーザーは理解できない。愚かだからではなく、誰にもそんな洞察力や時間はないからだ。

適切なデータ利用とそうでないものを区別するような規制モデルを開発すべきだ。中間にはあいまいで個々人の同意により対応すべき領域もある。しかしユーザーが合理的な判断を下せるようにその領域はできる限り小さくすべきだ。

――適切なデータ利用の例は？

すべての監視が悪いわけではない。最近の例では新型コロナウイルスがある。携帯電話の位置データを使って感染の広がりを特定・追跡し、ホットスポットに対処する手段を得た。公共の利益をもたらす利用の好例だ。一方で感染症の種類によっては注意が必要だ。例えば性感染症では、感染したことに対する社会的なスティグマ（恥辱）があり、データ収集は個人への負担になりかねない。

――ＡＩが拡大すると、より厄介な問題になりそうです。

書いたものをＡＩ技術に通すだけで書き手の認知機能低下を判断できるという、驚くべき研究がある。言葉の使用の微妙な変化から観察できるという。こうなると、私が認知症かどうかをＡＩが特定することを誰も止められない。ある集団における認知症の割合を推定するのは問題ないと思うが、個人の認知症特定によって企業が保険加入を拒否するとなれば問題だ。

――ＡＩの制御は可能ですか。

透明性の確保が重要になる。ブラックボックス化したＡＩでは、結果に至るまでのプロセスが誰にもわからない。人間がプロセスを解釈できるAIや、どんな価値観を推進しているかを読み取ることができるAIの開発が始まった。自由な社会の価値観に照らしてテクノロジーが何をしているのかをテストできることは最低限必要だ。

――ツイッターはトランプ氏のアカウントを凍結しましたね。

表現の自由を扱う米国憲法修正第1条の考えに基づけば、ツイッターは民間企業なので問題ない。新聞社が記事の掲載について編集権を持っているのと同じだ。

2021年1月の連邦議会乱入事件は米国にとって本当の危機だった。私たちが見たのは、トランプ氏のツイートを止めたら、緊迫した動きを落ち着かせる根本的な効果があったことだ。もしトランプ氏が1日10回のツイートを続けていたら、バイデン政権の最初の30日間がどうなっていたかはわからない。

しかし長期的に考えれば、これは非常に重要な問題を提起している。少数のプラットフォーマーが政治家の言論を排除しようとしたときに国民の間の言論空間がどのようになるかが、大きな意味を持つようになった。今回ツイッターが編集権を行使したのはいいとしても、それを当然のこととして受け止められはしない。

――メルケル独首相は「言論の自由は立法機関によってのみ制限されるべきだ」と発言しました。

いろいろな意味に取れるが、欧州の新聞社も編集権を行使している。政府だけが編集上の判断を下せるというなら、危険だと思う。米国では、むしろプラットフォーマーの市場権力について議論されている。

（聞き手・野村明弘）

ローレンス・レッシグ（Lawrence Lessig）

1961年生まれ。米ペンシルベニア大学卒業、英ケンブリッジ大学で哲学修士号、米イェール大学で法学博士号を取得。2016年米大統領選挙に出馬するなどアクティビストとしても著名。著書に『CODE』『コモンズ』『REMIX』『彼らは私たちを代表していない』など。

「原子力発電の危険性を哲学者はどう考えたか」

関西外国語大学准教授・戸谷洋志

今となってはすっかり色あせてしまったが、原子力はかつて人類の進歩を物語る最先端テクノロジーの象徴だった。負の側面として人類を破滅させるほどの威力を持った核兵器の開発競争が推進される一方、原子力発電など「平和利用」の名の下での商業利用が進められた。しかし、原子力発電においても破局的な事故の発生は不可避だった。核のゴミと呼ばれる放射性廃棄物の扱いも決まらないまま、発電所の建設が進められた。また、地域住民の対立や言論のタブー化など、社会にさまざまなひずみをもたらした。哲学者は、そうした現代社会の象徴ともいえる原子力の問題性をどう捉えたのか。『原子力の哲学』（集英社新書）を著した戸谷洋志・関西外国語大学准教授に聞いた。

――哲学において原子力の問題はどのように論じられてきましたか。

これまで日本ではあまり知られてこなかったが、マルティン・ハイデガーやカール・ヤスパース、ハンナ・アーレント、ハンス・ヨナスといった著名な哲学者が原子力について論じてきた。

その代表格であり、いち早く1950年代に問題提起したのがハイデガーだ。当時は東西冷戦において核兵器の開発競争がエスカレートした時代だった。その一方で、原子力の平和利用がうたわれるようになった。「核兵器は危険だけれど、原子力発電は安全だ」という雰囲気が醸成されていく社会にあって、ハイデガーは原子力の平和利用の危険性を指摘した。興味深いのは、ハイデガーの問題提起が極めて今日的な内容を含んでいたことである。

ハイデガーによる警鐘

――ハイデガーは、『技術への問い』『放下』などの著作で原子力について述べています。しかしその論じ方は非常に回りくどくて難解で、どこに結論を求めようとしているのかもわかりにくい。

ハイデガーが考察の中心に据えたのは、彼が「原子力時代」と呼ぶ時代のありようについてだった。つまり原子力を利用しようとしている私たちの社会が、どのように変容していくのかに関心を抱いていた。私なりにハイデガーの考えを要約すると、現代のテクノロジーには、世界をエネルギーの貯蔵庫として利用し尽くそうという考え方が存在しており、それが最も顕著に表れているのが原子力だということになる。原子力発電の利用が進む中で、この世界を開発対象の資源としてしか見なくなってしまう。それがはたして人間にとって幸福なのかというのがハイデガーの問いかけだった。

――今や原子力発電は再生可能エネルギーなどとの競争で劣勢にあり、色あせて見えます。

1950年代当時の原子力は発電のみならず、日常生活全体を覆っていくテクノロジーの象徴と見なされていた。ハイデガーが原子力を取り上げようと考えた最大の理由は、当時、それが最先端のテクノロジーだったからだ。彼が21世紀に生きていたら、人工知能や遺伝子工学の危うさなどに目を向けていただろう。

——原子力発電の危険性に注目したもう一人の哲学者がヨナスでした。ハイデガーの問題提起は、ヨナスに受け継がれ、新たな視座が設定されたように見えます。

ハイデガーの場合に「世界の資源化」、あるいは原子力時代における人間の非本来性が問題とされたのに対して、ヨナスはより現実的な問題提起をした。

原子力発電によって発生した放射性廃棄物の放射線量が自然界のレベルにまで低下するには、長く見積もって10万年かかるといわれている。そうすると私たち人類は、放射性廃棄物を管理する責任を10万年にわたって負わなければならない。そうした途方もない事態を引き起こす原子力発電に対して、一般市民が無自覚であることをヨナスは問題視した。

――ハイデガーと共通性がありそうですね。

ヨナスはハイデガーと同様に、核兵器よりも原子力発電に危険性を見いだした。核兵器が危険であることは誰もがわかっている以上、破局を回避する努力ができる。その反面、原子力発電の危険性はまだ十分に知られていない。危険だと認知されていないので、誰も対策を取る必要を感じていない。それこそが最も危険だというのがヨナスの指摘だ。

未来世代への責任

――「安全神話」が形成され、原子力発電の危険性に多くの人が気づかないうちに、日本でも深刻な事故が起きてしまいました。

ヨナスは、「恐怖に基づく発見術」という方法論を提唱している。今はまだ十分に危険だと思われていないけれども、目の前のテクノロジーが大きな事故や破局をもたらしたときにどんな恐ろしいことが起こるのか。私たちはもっと積極的に想像しないといけない。それによって初めて自らが目の前にしているものの危険性を感じ取ることができるのだと。そうした危機感覚を自ら獲得していくことが、巡り巡って未来世代への責任を担うことにつながるとヨナスは考えた。ヨナスの問題意識のほうがハイデガーより具体的だが、基本的な考え方は非常に似ている。

——石油や石炭など化石燃料の大量消費でも同じような問題があるように思えます。

そのとおりだ。ハイデガーの場合、化石燃料の収奪的利用について直接言及していない。一方、ヨナスの場合ははっきりと問題を提起している。森林伐採や酸性雨、砂漠化など、テクノロジーに基づく地球環境の改変が、原子力の問題と同じような構造を持っていると彼は考えていた。

――ヨナスの指摘は社会にどのような影響をもたらしましたか。

ヨナスの主著『責任という原理』はドイツ語で出版され、ドイツ国内で非常に大きな影響力を持った。現在、ドイツは環境先進国と見なされているが、国家レベルでの環境保護への意識の高まりを動機づけた要因として同書の存在を挙げる人もいる。

――『責任という原理』は2000年に邦訳が出ていますが、ドイツで刊行されたのは79年です。当時はドイツにおいて、原子力発電や核燃料サイクル、大気汚染や酸性雨などの環境問題に関して活発な議論が行われていた時期でした。

ドイツでは1980年代に危険性のある技術の利用を事前に制限する「予防原則」が提唱されていた。その概念の形成に、ヨナスの「恐怖に基づく発見術」のアイデアが影響を与えているという評価を聞いたことがある。

――「未来世代への責任」とはどういう考え方でしょうか。

未来世代はまだ生まれていないので、私たちとは話し合うこともできず、合意形成もできない。したがって、民主主義的な手続きだけでは、未来世代への責任を果たすことはできない。そこでは、道徳や倫理が重要になる。

ヨナスが注目したのが子どもへの責任だ。目の前にいる赤ん坊に危機が迫っているとき、その赤ん坊を助けることができるのが私たちだけだった場合、私たちは赤ん坊を助ける責任を負う。そうした考え方を敷衍（ふえん）していった先に、現代世代の未来世代に対する責任がある。原子力に対する問題意識も、そうしたヨナスの未来世代への責任に関する考え方から導き出されている。

（聞き手・岡田広行）

戸谷洋志（とや・ひろし）

1988年生まれ。大阪大学特任助教を経て、4月より現職。ドイツ思想を軸に据え、テクノロジーと社会の関係を研究。主著に『原子力の哲学』『ハンス・ヨナスを読む』など。

今こそ響く思想　社会的共通資本

今日では世界の人々が環境問題、格差の拡大など資本主義のダークサイドを実感するようになった。だが、半世紀も前からこの問題に悩み、格闘していた哲人経済学者が日本にいた。宇沢弘文（1928〜2014年）である。従来の経済学を超克する考え方として打ち出したのが、「社会的共通資本」の思想だ。

宇沢によれば、豊かな社会とは「すべての人々の人間的尊厳と魂の自立が守られ、市民の基本的権利が最大限に確保できる社会」である。これを、「本来的な意味でのリベラリズムの理想が実現した社会」（『社会的共通資本』、岩波新書）としている。近年は「リベラル」という言葉の使い方に混乱が見られるが、宇沢の定義からは左派でも右派でもない「リベラル」のイメージが浮かび上がる。

そのリベラルな社会の実現の土台となるのが「社会的共通資本」だ。社会的共通資本は、人々が生きていくのに必要なもので、大気、森林、河川、水、土壌などの「自然環境」、道路、交通機関、上下水道、電力・ガスなどの「社会的インフラストラクチャー」、教育、医療、司法、金融制度などの「制度資本」である。

その管理の方法も重要だ。ケインズ経済学のように国家の官僚に任せるのではなく、また、リバタリアニズム（新自由主義）のように市場原理に任せて利益をむさぼる対象にしてもいけないという。市民の権利という観点から、職業的専門家が高い倫理観を持ちフィデューシャリー（信託）によって管理すべきだとする。

純粋研究から現場主義へ

宇沢は東京大学で数学の天才とされ、その能力を経済学に転用した。56年渡米。スタンフォード大学でケネス・アロー、ロバート・ソローら当時全盛だったケインジアンたちと研究を進めた。その後シカゴ大学に移り、マネタリズムを唱えるミルトン・フリードマンらと議論を重ねた。宇沢の弟子にはジョセフ・スティグリッツ、ジョージ・アカロフらがいる。

『資本主義と闘った男　宇沢弘文と経済学の世界』を書いた佐々木実氏によれば、彼らノーベル経済学賞受賞者たちの多くが「宇沢弘文こそノーベル経済学賞をもらうべきだった」と語ったという。

ところが、宇沢は1968年に最先端の経済学グループから離れ、日本に帰国する。帰国の理由について、佐々木氏は「宇沢はマネタリズムはもとよりケインジアンの理論にも問題点があると見なしていた。また、親しい経済学者がベトナム戦争に深入りするケネディ政権の経済ブレーンとなったことも大きかったのではないか」と話す。

従来の経済学のどこに問題点があるとみたのか。

新古典派経済学は、①希少資源の私有制と市場での交換、②すべての生産要素は可塑性（マリアビリティー）を持ち瞬時にほかのものに転用・再配分できること、などの前提を置き、その結果、市場に任せれば効率的な資源配分と完全雇用が実現できるとしている。これを宇沢は「虚構」と指摘し、所得分配の公正性に疑問を持たない点も激しく批判した。

ケインズ経済学に対しては、可塑性の前提を否定して完全雇用をもたらす自律的なメカニズムはないとしたことを評価している。しかし、所得分配の公正性の問題を理論で考慮せず、事後的に最低限の直接補償をすればよいと結論づけていることなどを、問題視した。

とくに、後に新自由主義として米国を席巻していくフリードマンの理論には厳しい批判を続けた。

社会的共通資本の理論はこのような批判に立ち、ソースティン・ヴェブレンの社会資本の考え方を取り入れて発展させたものだ。

「宇沢は理論家でありながら徹底して現場主義を貫くプラグマティストだった」と佐々木氏は語る。

日本に帰国後、宇沢は高度経済成長がもたらした闇の部分に衝撃を受けて、『自動車の社会的費用』を著す。自動車優先の社会で当時は交通事故が多発、大気汚染も猛威を振るっていたからだ。

さらに、水俣病の実態をつぶさに調査し、医師たちと交流しながら公害を分析する理論を構築した。成田空港建設をめぐる問題では和解を調停する有識者会議に参加し、地元住民と政府を仲介。地球温暖化問題にも90年ごろから取り組み、京都議定書のCO2（二酸化炭素）削減義務の配分方法に異議を唱えている。

社会的共通資本の思想はどこが新しいのか。従来の経済学でも公共財や外部経済・外部不経済（市場取引で取引主体者以外の第三者に及ぼす正負の影響）の問題は議論されてはいる。だが、非競合性、非排除性といった要件や市場の失敗として例外的に捉えるのではなく、宇沢理論は、まず社会的共通資本を土台に据えるのである。

「最後の弟子」である帝京大学の小島寛之教授は、「自動車の社会的費用」の算定にその哲学は表れていると説明する。

新古典派経済学的に計算するとどうか。当時、交通事故による死傷で失われた所得の補償に必要なのは年1台当たり7万円、あるいは大気汚染による被害の補償を含めると17万円、などと算定されていた。これには所得の少ない人の死傷を軽く見積もるという反社会的な要素があった。

社会的共通資本の考え方に基づく宇沢の計算では、歩行者を自動車から安全に離すだけの幅のある歩道、大気汚染を防ぐ街路樹、子どもが安全に遊べる場所の確保などに必要な費用を含め、200万円が必要、となるのである。

「つまり、死傷者にいくら払うのかではなく、人が豊かに生きるためにいくら必要かを計算する。そうなると、コストが高すぎてお金で解決できないので、自動車の利用のほうを減らすべきだ、という結論にもなりうる」(小島教授)

宇沢の長女でその思想の普及にも取り組む医師の占部まり氏は「『大切なものはお金に換えない』というのが父の信念だった」と話す。

(大崎明子)

宇沢弘文(うざわ・ひろふみ)
1928~2014年。「人の心」を尊重する経済社会を目指した。

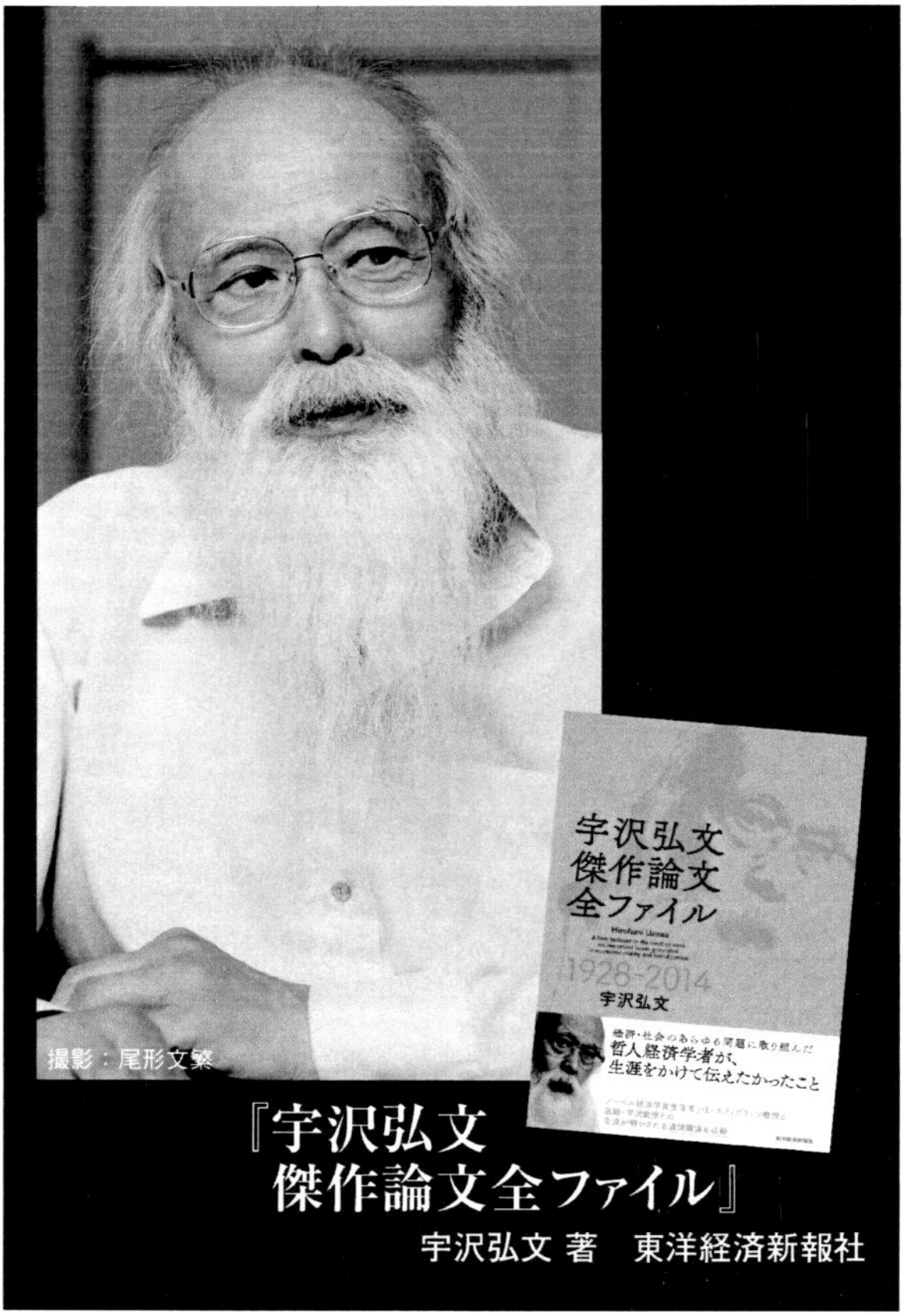
撮影：尾形文繁
宇沢弘文
傑作論文
全ファイル
1928-2014
宇沢弘文
経済・社会のあらゆる問題に取り組んだ
哲人経済学者が、
生涯をかけて伝えたかったこと
『宇沢弘文
傑作論文全ファイル』
宇沢弘文 著　東洋経済新報社

ベーシックインカム批判

コロナ禍で、先進各国では経済活動の縮小を強いるのと引き換えに定額給付金が支給され、にわかに「ベーシックインカム」の議論が活発になった。

しかし、長女の占部まり氏によれば、宇沢弘文はつねづねベーシックインカムに否定的な見解を述べていたという。宇沢はミニマム・インカムと呼ぶ。全体の物価水準が上がる中では、医療などほかのものによる代替性の低い必需財は、選択的な財よりも価格上昇率が高くなることを数式で証明している。したがって、社会的共通資本としてサービスの形で供給するべきだというのである。

そもそもベーシックインカムの理解をめぐっては混乱がある。

むしろリバタリアン

小泉純一郎政権で経済財政政策担当相を務めた竹中平蔵氏が20年「月7万円のベーシックインカム」に言及した。その渋い金額にネット上では批判が集まった。より問題なのは、「生活保護や年金給付が必要なくなる」と主張していることだ。実は、ベーシックインカム賛成派の多くは、従来の社会保障を廃止して一定の金銭給付で済ませようと提案している。低所得者救済ではなく、リバタリアン的な発想に立っているのだ。

「資本主義のグレートリセットが必要だ」

大阪市立大学大学院准教授・斎藤幸平

人類が地球を破壊するという「人新世（ひとしんせい）」の時代に、持続可能な経済をつくるにはマルクスの思想を、と訴えた若き研究者。一度は歴史の脇に追いやられたマルクスや共産主義が、なぜ21世紀に役に立つと言えるのか。

いつになったら元の生活に戻れるのか。そう思いながらはや1年が過ぎた。新型コロナウイルスに対するワクチンに期待している人もいるかもしれない。だが、確認しておこう。もはや元の世界には戻れないということを。これまで続いてきた格差拡大と環境破壊を止めるためには、資本主義の「グレートリセット」が必要だ。だからこそ、マルクスに立ち返るべきなのである。

「人新世」の危機

コロナ禍は、すでに存在していた資本主義の構造的矛盾を徹底的に可視化した。中でも格差問題は深刻だ。2020年春以降の米国ではビリオネアが資産を44%増やす一方、2000万人以上が失業した。感染抑止のためのデジタル化やオートメーション化が加速することで、富の一極集中はさらに深刻化するだろう。

だが、問題は富の集中だけではない。資本主義による環境破壊も歯止めが利かない。野生動物取引やアグリビジネスのための乱開発が続き、社会と自然の距離が縮まっていけば、別の新型ウイルスとの接触可能性は必然的に増していく。また過剰な森林伐採によって気候変動も進行していくし、環境の急激な変動に耐えられない動物は数を大きく減らし、生き残りを懸けた動物の大移動は未知のウイルスが社会へ侵入するリスクを高める。パンデミックや気候変動、生物多様性の喪失はどれもつながっており、行き過ぎたグローバル化が文明を脅かす。

かつてマルクスは、無限の経済成長を目指す資本主義が階級格差を生み出すのみならず、人間と自然の関係を大きく歪め、「修復不可能な亀裂」を生み出すことを批判していた。まさに、現代における人類の活動範囲は世界全体を覆うようになり、もはやこの地球上に手つかずの自然なるものは残っていない。地球環境さえも変えるような巨大な力を、資本主義は行使するようになっているのである。

こうした状況を前にして、ノーベル化学賞受賞者のパウル・クルッツェンは地質学上の新たな時代区分として「人新世」という呼び方を提唱した。気候危機やパンデミックのような世界規模の危機こそ「人新世」の末路なのである。

SDGsは大衆のアヘン

こうした「人新世」の危機を前に「持続可能な開発目標」(SDGs)が喧伝されているが、SDGsでこの危機に立ち向かうことができるだろうか。マルクスが資本主義の痛苦を和らげる宗教を「大衆のアヘン」と批判したように、ＳＤＧｓも資本主義を温存しようとする限り、環境危機や不平等をごまかす「大衆のアヘン」なのではないか。

ＳＤＧｓのバッジをつけたりエコバッグを持つことが無意味なのは言うまでもない。むしろここでの問題は、ＳＤＧｓが「よりよい資本主義」を実現するという淡い期待を醸成していることである。

資本主義の本質は際限のない利潤追求であり、「よい資本主義」であっても事態は変わらない。無限の経済成長を求めて自然環境を破壊し続ける資本主義に緊急ブレーキをかけない限り、「人新世」の危機から脱する道はない。そのことを「緑の資本主義」を例にとって見ていこう。

気候ケインズ主義

菅義偉政権は２０５０年までに脱炭素社会を実現することを発表した。再生可能エネルギーや電気自動車（ＥＶ）などで「イノベーション革命」を起こし、「緑の資本主義」を牽引しようというのだ。もちろん、新技術による効率化や二酸化炭素（ＣＯ２）削減は必要だ。また政府や企業の間にも、現在の新自由主義や金融資本主義を続けるだけでは、格差拡大と環境危機が深刻化し、究極的には資本主義が立ち行かなくなるのではないかという危機感があるのだろう。一方エリートは、ここに広大な新市場が存在していて、資本蓄積の絶好のチャンスであることを当てにしている。環境や社会に「優しい」フロンティア市場を開拓しようとしているのである。

ここに大きな期待が生じるのも納得がいく。なぜなら、先進国資本主義の実体経済が長期停滞に苦しんでいるからだ。その結果、多くの遊休資本が金融市場へと流れ込み、バブルを形成していた。そして、実体経済と金融市場の乖離が続く中で格差も拡大している。

それに対して、大胆な気候変動対策に向けた大規模財政出動は、実体経済を活性化する可能性がある。脱炭素化を実現するためには、再生可能エネルギーへの転換はもちろん、ＥＶや水素飛行機で既存の移動手段をすべて置き換えなければならない。また、農業の機械や化学肥料、建設業のセメント、エアコンなどもCO2の大きな排出源となっているので、これらも完全に置き換えなくてはならない。つまり、私たちの身の回りにあるものの大半を今後数十年で取り換える必要があるのだ。

この大転換は、グリーン・ニューディール（GND）を通じて実現されるだろう。GNDは国家の財政出動と公共事業で、労働者階級にとっても新自由主義レジームよりも安定した高賃金の仕事をつくり出しながら、持続可能な経済への転換を目指す。これこそ、「気候ケインズ主義」の一大プロジェクトといえる。GNDによって、格差も持続可能性の問題も一挙に解決することが期待されているのである。

ケインズ主義の限界

だが、これは新たな問題を生む。資本主義の中核部における中産階級、労働者階級からの合意獲得は、周辺部における社会集団と自然環境からの収奪に依拠した経済成長によって実現されてきた。そのコストは徹底的に外部化されるからである。

ＥＶ用の電池や太陽光パネルなどの原料の多くは、南米やアフリカといったグローバルサウスからの採掘が必要だ。すでに現地では、環境破壊や児童労働などが問題になっている。資本主義のグリーン化という名目の下で、高所得国の豊かな生活のために、これまで以上に低所得国からの収奪が強まってしまうのである。これはＳＤＧｓの理念とはまったく相いれない。

また、ＧＮＤによって先進国での労働者階級の生活状況が改善されることで生じる経済的余裕が、より環境に優しい活動に使われる保証はない。ますます多くの財やサービスが消費されるようになっていく中で、エネルギーや資源の消費量も増大していき、結局、「緑の資本主義」が地球環境を破壊しかねない。

そもそも経済成長を続けながら環境負荷を減らしていくことには、大きな困難がある。再生可能エネルギーのような環境によいものをつくるのにも、当然、資源採掘などによって環境負荷がかかるからだ。また、効率化を進め生産性を上げても、商品の価格が下がっていけば、需要が増大し、効率化の効果は減少してしまう。循環型経済にしても、リサイクルや再利用のために、追加のエネルギーは例外なく必要となる。

「緑の経済成長」という発想には、根本的な欺瞞があるのだ。現在の地球の限界を超えた環境負荷は、その大部分が先進資本主義国によるものだ。にもかかわらず、その経済発展モデルは自明視され、今後も経済成長と技術発展こそが環境危機の解決策になるというのである。危機的状況の責任者たちがその解決策を提唱し、自画自賛するという構図は笑止千万だろう。

■ 各国のCO_2排出量の割合

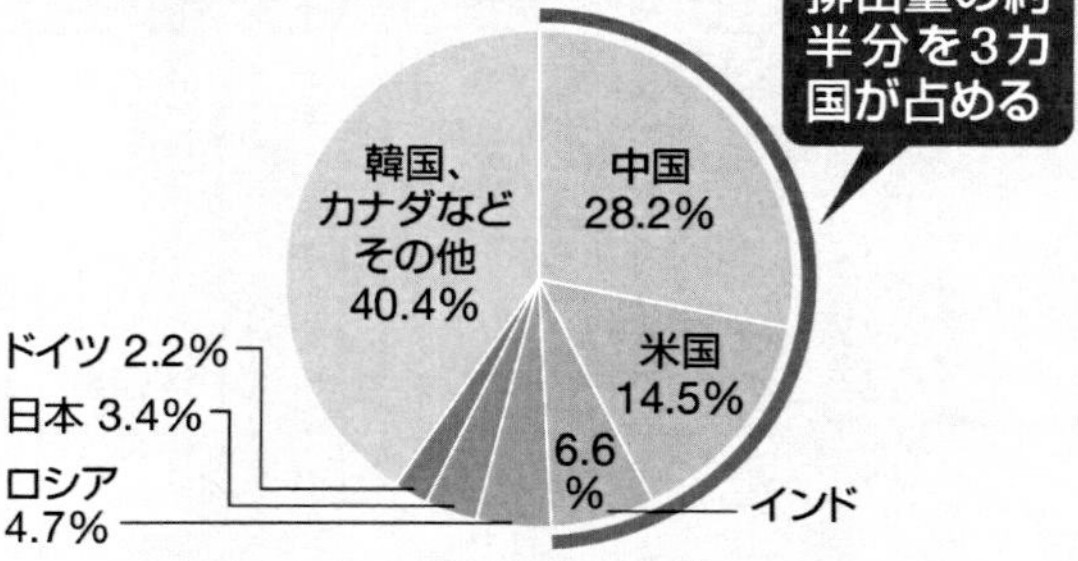

（出所）『EDMC／エネルギー・経済統計要覧 2020年版』

マルクスの世紀

それゆえに、どこかで経済成長そのものにブレーキをかけなくてはならない。つまり、ケインズ主義を「緑の資本主義」のために用いたところで、その未来は暗い。ケインズ主義では、短期の需要は喚起できても、環境危機を悪化させるだけだ。資本主義の根本的な矛盾の克服はできないからである。

高度経済成長と福祉国家に特徴づけられる20世紀は、まさに「ケインズの世紀」であった。すべてがうまくいっているように見えた裏側では、環境破壊とグローバルサウスからの収奪が進行していた。高度経済成長が終焉を迎え、環境危機が可視化されている中で、同じ道を追求すれば破局への道を歩むことになる。

21世紀に必要なのは、資本主義そのものに挑むマルクス主義である。もちろん、20世紀にマルクス主義を具現化したソ連も、深刻な環境破壊を引き起こした。だが私も含め近年のマルクス研究者によって明らかになっているのは、晩年のマルクスがエコロジーや非西欧社会を熱心に研究し、技術楽観論を捨てたという事実である。それどころか、最晩年には、平等と持続可能性のために「脱成長」の立場を受け入れるようになったほどである。

拙著『人新世の「資本論」』でも論を展開したように、資本主義による労働者と自然の搾取の両方を解決するヒントは、マルクスの「脱成長コミュニズム」というビジョンにある。「人新世」の危機を克服するためには、経済成長のための競争をやめ、今ある富をシェアする社会へと転換しなくてはならない。そのカギとなるのが「コモン」である。

「コモン」の再建を

資本主義社会では利潤獲得のために、地球上のあらゆるものが商品化されていく。だが、商品にはお金を持っている人しかアクセスできないため、希少性が生み出されていく。しかし水や電力、住居、医療、教育など、誰もがそれなしに生きていけないものは、本来、商品化すべきではない。社会的に共有され、管理されるべきだ。これが「コモン」という考え方である。

そして、コモン型社会こそ、マルクスの考えた社会主義である。ここで重視されるのは、市民たちが自らの手で民主主義的に管理すること。「コモン」とは米国型新自由主義とソ連型国有化の両方に対峙する、第三の道である。

「コモン」を増やすことで、経済格差を是正し、人々を絶えざる労働のプレッシャーから解放する。労働時間の短縮は、マルクスが最も重視していた社会改革の1つであった。環境問題という観点からも、それは望ましい。地球の限界を前にして、さらなる経済成長のための競争をあおり、強者による富の独占を正当化するシステムは時代遅れである。ワクチンを先進国が独占しても、パンデミックは終わらない。同様に、気候変動対策のリソースも先進国が独占していては、脱炭素化は不可能である。必要なのは、できるだけ多くを「コモン」としてシェアすることなのだ。

斎藤幸平（さいとう・こうへい）
1987年生まれ。大阪市立大学大学院経済学研究科准教授。ベルリン・フンボルト大学哲学科博士課程修了。博士（哲学）。『人新世の「資本論」』が「新書大賞2021」大賞受賞。

「持続可能な資本主義は実現できる」

国際基督教大学特別招聘教授／東京大学名誉教授・岩井克人

資本主義の危機が叫ばれている。多角的な視点で資本主義の本質と限界を分析してきた経済学者は、自由放任主義ではない資本主義の創出こそこれからの人類の道だ、と説く。

2020年から続くコロナ禍で世界全体のGDP（国内総生産）は5％程度落ち込んだ。戦前の大恐慌に次ぐ規模ではあるが、資本主義の内在的な危機ではない。資本主義の本質的な不安定性をあらわにしたという点では、2008年のリーマンショックこそ大きな転換点だった。その根源には貨幣がある。

「貨幣は平等主義者だ」。これはマルクスの言葉だ。誰にとっても共通な価値としての貨幣を持つことで人間は身分や性別、出身地から初めて解放され、いつどこで誰と何を交換してもよい自由を得た。

一方で、その貨幣にはモノとしての価値はない。紙幣はただの紙切れだし、電子マネーに至っては電気信号にすぎない。それが貨幣として価値を持つのは、みんなが貨幣として受け入れるという自己循環論の支えがあるからだ。こうした「無から有」となった存在であるがゆえに、貨幣は本質的な不安定さを持つ。

人間を自由にする貨幣が人間社会に不安定性をもたらす二律背反をよく理解しなければならない。コロナ禍の下では、人々を自由に行動させるとウイルスの感染を広げ、かえって自由を損なってしまう。資本主義経済においても、自由放任主義は不安定性を必然的にもたらす自殺行為だ。

本当の自由を実現させるためには、政府や中央銀行を媒介にして自由を制限しなければならないという逆説がある。リーマンショック後、世界はこの教訓を得たはずだが、まだ十分に浸透していない。

社会主義は不可能だ

リーマンショックがもたらした大不況、トマ・ピケティが『２１世紀の資本』で指摘した不平等の拡大など、２１世紀に入って自由放任主義的な資本主義の限界を示す危機が次々と起こっている。とりわけ深刻なのは地球温暖化による気候変動の激化である。

かつてマルクス主義者は、経済恐慌の到来を資本主義の死と社会主義への夜明けを告げる鐘として待望し続けていた。現代のマルクス主義者にとって気候変動の深刻化が新たな鐘の音なのだろう。

私も地球温暖化の進行が資本主義の命運を決めると思っている。だが資本主義が終わるとしたら、後に待ち受けているのは無政府状態か、社会主義の名の下の独裁である。

「貨幣は平等主義者だ」と宣言したマルクスは、それにもかかわらず、貨幣を媒介として交換されるすべての商品の価値の根底に人間労働という普遍的な価値を見いだし、貨幣にはその不安定な表象という役しか与えなかった。貨幣を排除し、中央集権的な計画によって生産と分配を制御すれば、資本主義の不安定性は一掃され、人間労働の価値がそのまま実現する理想社会が生まれると考えたのだ。

だが、貨幣という「平等主義者」の媒介を失うと、個々の人間の労働価値は、党や国家が評価することになる。それは必然的に人間から自由を奪う独裁制を導くのである。

「短い20世紀」という言葉がある。英国の歴史学者E・ホブズボームが唱えた時代区分で、第1次世界大戦開始の1914年から、社会主義陣営の盟主であったソビエト連邦が崩壊した91年までを指す。それは、悲惨な経験によってこの「社会主義の不可能性」を人類が学んだ世紀であった。

さらに言えば、19世紀にマルクスが描いた資本主義と現代の資本主義は本質的に違う。

マルクスが普遍的な資本主義として想定したのは、18世紀の産業革命から始まった「産業資本主義」である。それは大量生産を可能にした機械制工場を中軸とする資本主義だ。その機械制工場を所有する資本家が労働者の生み出す剰余価値を利潤として搾取しているとし、これを資本対労働という階級対立としてマルクスは捉えた。

しかし産業資本主義とは、農村の過剰人口が都会に流れ続け、労働賃金が低く抑えられていた時代にのみ成立する資本主義の1つの形にすぎない。それが生み出す利潤とは、機械制工場が生み出したのでも、労働者が生み出したのでもない。前者の高い生産性と後者の低い賃金との「差異」が生み出していたのだ。

そして欧米では50年代から60年代、日本では70年代に農村の人口が枯渇し、賃金が上昇し始める。産業資本主義を支えた生産性と賃金との「差異」が消え、「ポスト産業資本主義」が始まった。

新しい対立へ

マルクスは商業活動を「ノアの洪水以前」の資本主義と呼び、産業革命という洪水が流し去る前近代的な資本主義と見なしていた。だが、むしろ地域と地域、市場と市場の間の価格の「差異」から利潤を生む商業資本主義にこそ、資本主義の本質がある。

ポスト産業資本主義とは商業資本主義への現代的な回帰である。それは新技術、新製品、新市場など、ほかとの「差異」を意図的に創ることによって利潤を生み出している。

もはや資本全体と労働全体の対立は背景に退き、個別の資本と資本、個別の労働と労働とが「差異」をめぐって対立する。中でも先鋭的なのが、「差異」を生み出せるエリートと非エリートとの対立だ。

例えば2018年にフランスで起きた「黄色いベスト運動」は、マクロン政権による燃料税や自動車税の引き上げが引き金だ。政権側は地球温暖化対策の一環として提示したが、労働者の象徴としての黄色いベストを着て抗議したのは、運輸労働者や自動車が生活に不可欠な農民だった。

また、トランプ前米大統領の支持基盤は中西部の「ラストベルト」（さびた地帯）のブルーカラーであった。ポスト産業資本主義の中で衰退していった公害まみれの製造業で働いていた人々が、反エリートの象徴として投票した。

仏米とも基本的な構図は同じだ。資本主義を環境破壊から守るためにグリーンイノベーションを呼びかけるエリートと、その「正しい」政策によって職を奪われると感じる非エリートとが争っている。

この構図は、世界的には先進国に住む12億人と残りの65億人との対立として現れている。事実、CO2（二酸化炭素）の国別の排出量をみると、中国が断トツ。2位は米国、続いてインドとロシア。米国を除けば産業資本主義的な中進国や途上国が上位を占める。その傾向は今後も続くはずだ。

だが、資本主義によって豊かさを手にした先進国のエリートが、その資本主義によってようやく貧困から脱出しようとしている途上国の人々に、環境問題を理由に脱資本主義を説くことは許されない。唯一可能なのは、自ら率先して資本主義それ自体を持続可能な形に転換させることであり、その中で得られたノウハウや資金、技術を途上国へと提供していくことである。

株式会社の可能性

　産業資本主義の時代はお金が支配した時代であった。労働賃金が低い限り、機械制工場に資金を投資しさえすれば、利潤が手に入ったからだ。

　それがポスト産業資本主義の時代になると、利潤の源泉は「差異」を創造できる人間の頭脳に転換した。だが人間は機械とは違う。モノでない人間はお金で買えないからである。それは、もはやお金を投資するだけでは利潤が手に入らないことを意味する。すなわち、ポスト産業資本主義では世間の常識に反してお金が価値を失いつつあるのである。

　それだけではない。お金が価値を失う中、ますます多くの人が、お金で買えないものに、お金で買えないからこそ価値を見いだすようになっている。自由な時間や信頼できる仲間、文化的生活、そして何よりも社会的な貢献である。創造性を持った人間はこの傾向がとりわけ強い。それは、ポスト産業資本主義における会社のあり方を大きく変える可能性を持つ。

ところで、これまで自由放任主義の影響の下、会社理論を支配したのは株主主権論である。しかし、それは誤謬である。なぜなら、オーナーが企業資産を直接所有する個人企業と異なり、会社資産の所有者は株主ではない。法人としての会社なのだ。株主は、その会社を抽象的なモノとして所有しているにすぎない。

すなわち、会社は2階建てなのである。1階では会社がヒトとして会社資産を所有し、2階では株主が会社をモノとして所有している。そしてそれは会社が多様な「目的」を持ちうることを意味する。確かに2階を強調すれば株主利益を重視する会社になるが、1階を強調すれば、株主以外のステークホルダー、地域住民、さらにはSDGs（持続可能な開発目標）など地球全体の利益にさえその目的を広げることが可能なのである。

■SDGsの17の目標

1	貧困をなくそう
2	飢餓をゼロに
3	すべての人に健康と福祉を
4	質の高い教育をみんなに
5	ジェンダー平等を実現しよう
6	安全な水とトイレを世界中に
7	エネルギーをみんなに そしてクリーンに
8	働きがいも経済成長も
9	産業と技術革新の基盤をつくろう
10	人や国の不平等をなくそう
11	住み続けられるまちづくりを
12	つくる責任 つかう責任
13	気候変動に具体的な対策を
14	海の豊かさを守ろう
15	陸の豊かさも守ろう
16	平和と公正をすべての人に
17	パートナーシップで目標を達成しよう

そもそも会社とは、ヒトとモノとの両義性を持つ法人としての会社を共通項にして、2つの所有関係をつなげた仕組みだ。そのバランスにより、私的所有権を前提とする資本主義の枠組みの中で、企業組織が持ちうる目的や形態を大きく広げたことにこそ、その存在意義がある。株主利益のみを会社の目的と主張する株主主権論は、会社の本質を無視した理論的誤謬にすぎない。

ポスト産業資本主義の下、お金で買えないものに価値を見いだす人々が社会的貢献への道を模索しているのに対応して、多くの会社がその目的にSDGsなどを加えつつある。たとえそのほとんどが時代の風潮への雷同だとしても、その実践を通して、少なからぬ会社が実際に株主主権論の呪縛から逃れつつある。それは、資本主義それ自体を持続可能な形に転換させるための大きな力になるはずだ。

資本主義は確かに「最悪のシステム」である。だが、私はチャーチルの言葉を借りて「過去に存在したすべてのシステムを除いては」と付け加えておく。それは「短い20世紀」の悲惨さが人類に与えた教えであったはずだ。しかし、その後の資本主義の自由放任主義化がもたらした、怒濤のような金融危機や不平等の急拡大、気候変動の深刻化の中で、その教えは忘れられてしまったのかもしれない。

それでも、自由放任主義的な資本主義とは異なる持続可能な資本主義が実現できることを、理論的に示しておくのは無駄ではないだろう。その実践によって地球温暖化が少しでも遅くなれば、より根源的な解決のために将来世代がその創造性を発揮する時間的余裕が、わずかでも稼げるはずだと思うからである。

岩井克人（いわい・かつひと）

1969年東京大学経済学部卒業、72年米マサチューセッツ工科大学（MIT）で博士号取得。イェール大学助教授、東大教授などを歴任。著書に『貨幣論』『会社はこれからどうなるのか』『経済学の宇宙』など。

【週刊東洋経済】

本書は、東洋経済新報社『週刊東洋経済』2021年4月10日号より抜粋、加筆修正のうえ制作しています。この記事が完全収録された底本をはじめ、雑誌バックナンバーは小社ホームページからもお求めいただけます。

小社では、『週刊東洋経済eビジネス新書』シリーズをはじめ、このほかにも多数の電子書籍ラインナップをそろえております。ぜひストアにて「東洋経済」で検索してみてください。

『週刊東洋経済eビジネス新書』シリーズ

No.350 名門大学 シン・序列

No.351 電機の試練

No.352 コロナ時代の不動産

No.353 変わり始めた銀行

No.354 脱炭素 待ったなし

No.355　独習　教養をみがく
No.356　鉄道・航空の惨状
No.357　がん治療の正解
No.358　事業承継　M&A
No.359　テスラの実力
No.360　定年消滅
No.361　激動の半導体
No.362　不動産　勝者と敗者
No.363　弁護士業界　最前線
No.364　YouTubeの極意
No.365　デジタル大国　中国
No.366　地銀　大再編
No.367　おうちで稼ぐ！
No.368　老後マネーの育て方

No.369　製薬　大リストラ
No.370　リスクシナリオ　２０２１
No.371　富裕層マル秘マネー学
No.372　コロナ時代の新住宅事情
No.373　日立・三菱重工の岐路
No.374　脱炭素サバイバル
No.375　郵政崩壊
No.376　脱・ストレスの処方箋
No.377　働き方と経営の法律
No.378　コロナ倒産危機
No.379　車載半導体　争奪戦

週刊東洋経済eビジネス新書　No.380
マルクス vs. ケインズ

【本誌（底本）】
編集局　野村明弘、福田恵
デザイン　池田 梢、小林由依
進行管理　三隅多香子
発行日　2021年4月10日

【電子版】
編集制作　塚田由紀夫、長谷川 隆
デザイン　市川和代
制作協力　丸井工文社
発行日　2021年12月23日　Ver.1

発行所　〒103-8345
東京都中央区日本橋本石町1-2-1
東洋経済新報社
電話　東洋経済コールセンター
03（6386）1040
https://toyokeizai.net/
発行人　駒橋憲一

電子書籍化に際しては、仕様上の都合などにより適宜編集を加えています。登場人物に関する情報、価格、為替レートなどは、特に記載のない限り底本編集当時のものです。一部の漢字を簡易慣用字体やかなで表記している場合があります。本書は縦書きでレイアウトしています。ご覧になる機種により表示に差が生じることがあります。

※本刊行物は、電子書籍版に基づいてプリントオンデマンド版として作成されたものです。